MARCO POLO

JAKOBSWEG
SPANIEN

ATLANTISCHER
OZEAN

Santiago de
Compostela

Bordeaux

FRANKREICH   SCHWEIZ

León
Pamplona

PORTUGAL   ANDORRA   Marseille

Jakobsweg   MC

Lissabon   Madrid   ITALIEN
                                    Barcelona   Korsika
SPANIEN   (F)

        Valencia

Málaga   B a l e a r e n   Sardinien
                              (E)   (I)

              Mittelmeer

MAROKKO   ALGERIEN   TUNESIEN

Reisen mit Insider Tipps

> Mich faszinieren die Kontraste,
> der Wechsel der Landschaften:
> Berge, Ebenen, Wälder, Wiesen,
> Weingärten – einfach grandios!
> *MARCO POLO Autor*
> *Andreas Drouve*
> (siehe S. 126)

(siehe S. 126)

Spezielle News, Lesermeinungen und Angebote zum Jakobsweg:
www.marcopolo.de/jakobsweg

JAKOBSWEG

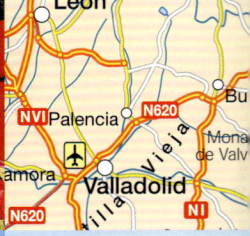

> SYMBOLE

 **MARCO POLO INSIDER-TIPPS**
Von unserem Autor für Sie entdeckt

 **MARCO POLO HIGHLIGHTS**
Alles, was Sie am Jakobsweg kennen sollten

☆ **SCHÖNE AUSSICHT**

🔊 **WLAN-HOTSPOT**

▶▶ **HIER TRIFFT SICH DIE SZENE**

> PREISKATEGORIEN

HOTELS
€€€ über 130 Euro
€€ 90–130 Euro
€ unter 90 Euro
Die Preise gelten für eine Übernachtung von 2 Personen im Doppelzimmer zur Hauptsaison (ohne Frühstück)

RESTAURANTS
€€€ über 30 Euro
€€ 15–30 Euro
€ unter 15 Euro
Die Preise gelten für ein Essen ohne Getränke bzw. für ein für das Lokal typisches Tagesmenü

> KARTEN

[114 A1] Seitenzahlen und Koordinaten für den Reiseatlas Jakobsweg

Karten von Pamplona, Burgos, León und Santiago de Compostela im hinteren Umschlag

Zu Ihrer Orientierung sind auch die Orte mit Koordinaten versehen, die nicht im Reiseatlas eingetragen sind

INHALT

> SZENE

S. 12–15: Trends, Entdeckungen, Hotspots! Was wann wo am Jakobsweg los ist, verrät der MARCO POLO Szeneautor vor Ort

> 24 STUNDEN

S. 94/95: Action pur und einmalige Erlebnisse in 24 Stunden! MARCO POLO hat für Sie einen außergewöhnlichen Tag in Santiago de Compostela zusammengestellt

> LOW BUDGET

Viel erleben für wenig Geld! Wo Sie zu kleinen Preisen etwas Besonderes genießen und tolle Schnäppchen machen können:

Auf Häppchentour satt werden S. 35 | Preiswerte Übernachtungsalternative im Bungalow S. 49 | Wein günstig beim Erzeuger kaufen S. 55 | Kunst zum Nulltarif S. 73 | Mit dem Bus billig zum Flughafen S. 86

> GUT ZU WISSEN

Was war wann? S. 10 | Spezialitäten S. 26 | Blogs & Podcasts S. 36 | Im Ausnahmezustand S. 44 | Bücher & Filme S. 46 | Seltsame Traditionen S. 58 | Nationalheld S. 64 | Orientalischer Glanz S. 67 | Steinerne Wahrzeichen S. 80

AUF DEM TITEL

Granitskulpturen in Baamonde S. 14
Beeindruckende Reise zum Grand Canyon von Navarra S. 90

ENTDECKEN SIE DEN JAKOBSWEG!

Unsere Top 15 führen Sie an die traumhaftesten Orte und
zu den spannendsten Sehenswürdigkeiten

Die Highlights sind in der Karte auf dem hinteren Umschlag eingetragen

 Fiesta de San Fermín
Marathonfest im Juli mit allmorgend-
lichem Stierauftrieb quer durch die
Altstadtgassen Pamplonas
(Seite 23)

 Pass von Somport
Hier kratzt der Jakobsweg an den
Wolken, das Bergpanorama verschlägt
den Atem (Seite 33)

 Iglesia de Santa María de Eunate
Romanik in ausgewogener Perfektion;
der Ursprung der Kirche bei Puente la
Reina gibt Rätsel auf (Seite 37)

 Monasterio Roncesvalles
Museumsschätze, Madonnabildnis
und Pilgerskelette im Beinhaus
(Seite 39)

 **Kreuzgang der
Kathedrale von Pamplona**
Formvollendete Gotik mit herrlichem
Maßwerk im Kreuzgang der Kathedrale
Pamplonas (Seite 43)

 Puente la Reina
Einer der schönsten Flussübergänge in
ganz Spanien (Seite 46)

 Calle del Laurel
Legendäre Kneipengasse in Logroño,
ein Synonym für Ausgehfreuden
(Seite 53)

 **Catedral de Santo Domingo
de la Calzada**
Kathedrale mit sagenumwobenem
Hühnerstall; der Inhalt ist krählebendig
(Seite 56)

> DIE BESTEN MARCO POLO HIGHLIGHTS

 San Millán de la Cogolla
Kloster am Berg, Kloster im Tal – Suso und Yuso stehen für doppelte Faszination (Seite 58)

 Catedral de Santa María
Die Kathedrale von Burgos steht als Glaubensburg par excellence, Welterbe der Unesco (Seite 62)

 Santo Domingo de Silos
Stimmungsvoll in jeder Hinsicht: mit dem traumhaften Kreuzgang und den gregorianischen Gesängen der Mönche (Seite 66)

Catedral de Santa María
Die Kathedrale der hl. Maria zum Zweiten – diesmal in León: im Banne der Buntglasfenster (Seite 69)

 Panteón de los Reyes
Wand- und Gewölbemalereien aus dem 12 Jh. machten die „Sixtinische Kapelle der romanischen Malerei" in León berühmt (Seite 70)

 Cruz de Ferro
Magischer Berghalt der Jakobspilger zwischen Astorga und Ponferrada; hier, am „eisernen Kreuz", legen sie Sünden- und Sorgensteine ab (Seite 74)

 Catedral de Santiago de Compostela
Ergriffene und erschöpfte Pilger finden sich am Ende ihres langen Weges in der sehnsüchtig erwarteten Kathedrale von Santiago de Compostela ein (Seite 82)

WAS FÜR EIN WEG!

Santiago de Compostela

> Kirchen und Klöster, grandiose Landschaften und ein buntes Pilgervolk aus aller Welt machen den Jakobsweg zeitlos faszinierend. Immer öfter verabschieden sich Aufbrüchler mit dem geflügelten Spruch „Ich bin dann mal weg" und nehmen die Strecke nach Santiago de Compostela in Angriff, den weltweit populärsten Wallfahrtsweg seiner Art. Es müssen ja nicht gleich Wochen zu Fuß sein. Gute Alternativen sind Kunst- und Kulturreisen, motorisierte Touren in Eigenregie, der Jakobsweg per Fahrrad. Eine Reise von den Gebirgsflanken der Pyrenäen bis zu den grünen Hügeln Galiciens bürgt für unvergessliche Erlebnisse.

> Ein Mann, ein Grab, Millionen Pilger. Selten hat ein einzelner Mensch die Massen derart mobilisiert, Generationen aus aller Herren Länder über mehr als ein Jahrtausend hinweg auf Trab gehalten: Santiago, der heilige Apostel Jakobus. In der Kathedrale von Santiago de Compostela führt ein schmaler Treppengang in die Tiefe hinab, am Ende der Stufen fällt der Blick durch einen Tunnel auf den Silbersarkophag. Das Dauergemurmel der Wallfahrer ist versiegt, man fühlt sich von Stille ummantelt, findet Muße zur Einkehr. Ruhen sie nun hier oder nicht, die sterblichen Überreste des wahren Jakob? Einzig der Glaube hilft, sich des Apostels Gebeinen ganz nahe zu fühlen, denn der ganze Jakobuskult fußt nur auf Überlieferungen. Gesicherte Fakten suchen Skeptiker vergebens... Wie kam der 44 n. Chr. in Jerusalem getötete Apostel nach Spanien? Wie entstand der Kult um sein Grab? Nur die Legenden wissen Antwort und führen zunächst ein vom „Engel des Herrn" gesteuertes Schiff ins Feld, das den Leichnam des Jakobus nach Galicien schaffte. Nach Aushub des Grabes geriet die Stätte in Vegessenheit, bis mysteriöse Lichtphänomene einen Einsiedler zu Anfang des 9. Jhs. wieder auf deren Spur brachten. Umgehend setzten Klerus und Königshaus die Kunde vom wiederentdeckten Apostelgrab in die Welt und stachelten die Wallfahrten an. Kluge Schachzüge, Seelenfängerei, glatte Lügen? Wer nicht an Wunder glaubt, vermeint den faulen Geruch einer machtpolitischen Strategie zu ahnen. Umso mehr, wenn man das historische Umfeld ausleuchtet. Weite Teile Spaniens waren seit 711 von den eingefallenen Mauren überrollt worden, die von Norden her begonnene „christliche" Rückeroberung des Landes *(Reconquista)* war bis zu jenem Zeitpunkt wenig ruhmreich verlaufen. Verhießen Jakobus und der Jakobsweg nicht eine einzigartige Chance? Ließ sich der Norden nicht ideal durch Wallfahrerströme und be-

> **Meisterwerke romanischer und gotischer Baukunst**

festigte Neusiedlungen sichern? So spannte man den Apostel flugs vor den Karren der Reconquista und setzte Mitte des 9. Jhs. eine weitere Mär in die Welt: die von *Santiago Matamoros*, „Jakobus Maurentöter", der den christlichen Streitern in der Schlacht von Clavijo erstmals zu

Hilfe eilte. In ritterlicher Manier hieb er die muselmanischen Feinde mit dem Schwerte nieder. Umkränzt von Glauben und Aberglauben wurde Jakobus zum Patron der Reconquista erhoben und war den spanischen Heerscharen Ansporn zu immer neuen Siegen – bis 1492, als das letzte maurische Reich von Granada fiel.

Wie immer man die Geschichte im Rückblick bewerten mag – geblieben ist das einzigartige spirituelle und kulturelle Phänomen des Jakobsweges, des *Camino de Santiago*. Wie arm stünde Spaniens Norden ohne den Einfluss jenes einfachen Fischers vom See Genezareth da? Ließen sich Burgos, León und Santiago de Compostela ohne ihre himmelsstürmenden Kathedralen denken? Was wären die Gebirgszüge ohne prachtvolle Klöster wie Roncesvalles und Leyre, Orte wie Frómista und Villalcázar de Sirga ohne ihre pompösen Kirchen, Felderlandschaften ohne ihre einsamen Kapellen wie Eunate? Unablässig entstanden am Jakobsweg Meisterwerke romanischer und gotischer Baukunst. Herrscher ließen sich am *Camino* begraben, Ordensgemeinschaften kümmerten sich in eigens erbauten Hospitälern um ermattete

> ## Hier strömen Gott und die Welt zusammen

und erkrankte Pilger. In ganz Europa versetzte der Glaube Berge und brachte den Stein ins Rollen. In jüngerer Zeit hat die Pilgerbewegung

Aus dem 12. Jh. stammt das Speciosa-Portal der Klosterkirche von Leyre

3. Jh. v.–5. Jh. n. Chr. Römerherrschaft; Gründung von Pamplona und León

44 n. Chr. Hinrichtung des Apostels Jakobus in Judäa; laut Legende bringt ein „Engelsschiff" seine sterblichen Überreste nach Galicien, wo sie beigesetzt werden

711 Einfall und Ausbreitung der Mauren in Spanien; bald darauf Beginn der Reconquista, der „christlichen" Rückeroberung des Landes

Anfang 9. Jh. Wiederentdeckung des Apostelgrabes, Beginn der Pilgerzüge nach Santiago

11.–14. Jh. Höhepunkt der mittelalterlichen Jakobuswallfahrten

1492 Abschluss der Reconquista

Anfang 19. Jh. Napoleonische Truppen fallen in Spanien ein und plündern Kirchen und Klöster

1936–39 Spanischer Bürgerkrieg mit nachfolgender Diktatur von Francisco Franco

1975 Ende des Franco-Regimes, König Juan Carlos I.

1996–2004 Spanien unter der Regierung der konservativen Volkspartei Partido Popular

2004 Das „heilige Jakobusjahr" setzt neue Rekordmarken beim Zulauf von Pilgern und Besuchern

2004–08 Sozialistische Regierung unter José Luis Rodríguez Zapatero

2008 Neuerlicher Sieg der von Zapatero geführten Sozialisten bei den Parlamentswahlen

2010 Nächstes „heiliges Jakobusjahr"

wieder Auftrieb erhalten: ob durch aufgebauschte Medienberichte oder „Ich bin dann mal weg", den Bestseller des Komikers Hape Kerkeling.

Der *Camino de Santiago* folgt geografisch einer Linie von Ost nach West (so sind auch die Kapitel und Orte in dem vorliegenden Reiseführer angeordnet) und strebt leitmotivisch dem vermeintlichen Apostelgrab zu – als gelb markierter Wanderpfad und als Straßenvariante für Radler und Motorisierte, die alle Ziele problemlos ansteuern können. Fuß- und Radpilgern stehen unterwegs Herbergen offen, die man mit einem Pilgerausweis benutzen darf – vorausgesetzt, man schreckt nicht vor Schlafsälen, nächtlichen Schnarchattacken und nicht immer angenehmen Gerüchen zurück. Schließlich dampfen zwischen den Pritschen die Wanderschuhe der Mitankömmlinge aus und Bettgestänge werden zu Wäscheleinen mit verschwitzter Kleidung umfunktioniert. Doppelter Trost: Hotels und Pensionen bieten Alternativen für die Nacht, außerdem war es im Mittelalter schlimmer. Kein Wunder, dass man in der Kathedrale von Santiago de Compostela allein schon aus Selbsterhaltungstrieb den berühmten Weihrauchwerfer einsetzte, um richtig gegenzustinken ...

Am *Camino de Santiago* verzahnen sich Kultur und Natur, die Landschaften treiben faszinierende Wechselspiele. Hinter den Bergkulissen der Pyrenäen warten westwärts die Wälder Navarras, die Rebgärten der Rioja, die einsamen Weiten Kastilien-Leóns, die grünen Hügel Galiciens mit Rinderweiden und Eukalyptushainen. Auf dem Lande tauchen Reisende in urige Dörfer ein. Hier plätschern die Brunnen, hier wird der Fremde noch freundlich gegrüßt. Trutzige Burgen und Paläste warten ebenso auf ihre Entdecker

sich Auswärtige unters Volk, das Temperament der Einheimischen kocht auf südländischer Flamme. Allerdings herrscht nicht immer eitel Sonnenschein. Spaniens Norden grünt so grün, weil er reichlich von Wasser durchtränkt wird. Der gute

Gedränge bei Roncesvalles: Schafe am Weg

wie Altstädte mit feuchtfröhlicher Stimmung, Tapas und Wein. In den

> **Wälder, grüne Hügel, Kirchen und Wein**

Gassen Logroños herrscht das pralle Ausgehleben, in León führt kein Weg am „Feuchten Viertel" der Kneipen vorbei, die Granitkulissen Santiagos wecken mit verwinkelten Gassen und Plätzen die Neugier. Überall mischen

Draht zu Jakobus hilft wenig, wenn Kollege Petrus seine Himmelsschleusen öffnet. Das Wetter gilt als unbeständig, besonders berüchtigt ist das Klima in der kastilischen Hochebene zwischen Burgos und León. *Nueve meses invierno, tres meses infierno*, lautet ein Sprichwort in Anspielung auf Winterkühle und Sommerglut: „Neun Monate Winter, drei Monate Hölle." Mögen die Strapazen auch noch so groß sein – die Eindrücke am Jakobsweg entschädigen für alles.

▶▶ WAS IST ANGESAGT?

Trends, Entdeckungen und Hotspots. Unser Szene-Scout zeigt Ihnen, was entlang des Jakobsweges los ist

Miguel Santamarina

lebt und arbeitet in Burgos. Für seine Arbeit als Journalist für verschiedene spanische Stadtmagazine macht sich der Globetrotter immer auf die Suche nach den neuesten Trends und Hotspots der Region. Als Kulturfan ist unser Szene-Scout besonders vom Flair des mittelalterlichen Dorfes Covarrubias begeistert: Hier inspiriert ihn der starke Kontrast zwischen Vergangenheit und Moderne.

▶▶ ALTERNATIVES THEATER

Einfach anders!

Die Theater und Ensembles der Region setzen auf künstlerische Freiheit. So läuft zum Beispiel bei einer Inszenierung des *Teatro Ensalle* eine als rosaroter Panther verkleidete Frau hilflos über die Bühne und will auf die Orientierungslosigkeit der Menschheit aufmerksam machen *(C/Chile 15, Vigo, www.teatro ensalle.com)*. Eine Plattform für die alternative Theaterszene bietet die *Nave de Servivios Artistico (R/San Lourenzo 51–53b, www.salanasa.com)* in Santiago de Compostela. Die freie Initiative setzt sich für neue Formen der darstellenden Kunst ein und fungiert als Schnittstelle für Kooperationen. Die Ergebnisse kann man zum Beispiel im *Sala E.N.T (C/San Augustín 5, www.laescueladeteatro.com, Foto)* in Pamplona bewundern. Als Geheimtipp gelten die ungewöhnlichen Inszenierungen im *Jazz Club Dado Dadá (Rúa de Alfredo Brañas 19, Santiago de Compostela, www.dadodada.com)*.

SZENE

▶▶ FRISCHZELLENKUR

Wein für Körper und Geist

Rund um die Weinstraße von La Rioja kommen edle Tropfen nun auch in der Schönheitspflege zum Einsatz. Das *Spa de Vinoterapia* des Hotels *Marqués de Riscal* setzt auf die revitalisierende Wirkung der Trauben, denn Merlotwickel, ein Bad im Weinfass und Cremes mit Traubenextrakt beugen der Hautalterung vor *(C/ Torrea 1, Elciego, www.marquesderiscal.com,* Foto). Vitalität und ein neues Körpergefühl verspricht die Weinwellness des *Augusta Spa Resorts* in Sanxenxo *(C/ Padriñán 25, www.augustasparesort.com)*. Anti-Aging durch Weintherapie: Im *Saline Spa* wird Falten der Kampf angesagt *(C/ Duques de Nájera 59, Logroño, www.saline-spa.com)*.

▶▶ ACHTUNG: BAUM FÄLLT!

Revival des baskischen Volkssports

Rund um Pamplona muss man sich immer öfter vor fliegenden Holzsplittern in Acht nehmen. *Herri Kirolak (www.herrikirol.com)* heißen die kuriosen Kraftvergleiche, die vor allem an den *Festas Majors* der einzelnen Orte wahre Publikumsmagnete sind. Richtig rund geht es zum Beispiel, wenn das Team der *Asociacion Zurgai Herri Kirol Taldea* aus Atez zum Wettkampf herausfordert. Da wird gesägt, gefällt und gehackt. Teamchampion und Holzfällerstar Miguel Angel Mariñelarena ist mehrmaliger Preisträger mit der Motorsäge. Die Wettkämpfe, sogenannte *Campeonatos Navarro,* finden unter anderem in Pamplona *(www.pamplona.net)* und Burlada *(www.burlada.es)* statt und sind inzwischen zu wahren Happenings avanciert.

▶▶ EXTRAVAGANZ

Mode, die Akzente setzt

Frechheit siegt – auf alle Fälle in der Mode. Auf den Catwalks präsentieren die Designer raffinierte Entwürfe. Maskuline Akzente setzt *Maria Mariño* aus Vigo. Die Designerin kombiniert Highheels zu Anzughosen oder Caps zu Seidenjacken. In ihrer Boutique (*Gandarón 52, www.modatest.com,* Foto) pickt man sich sein Lieblingsoutfit heraus. *Robert Verinos* Entwürfe bestechen durch graue Stoffe mit raffinierter Schnittführung – alles andere als langweilig. Die aktuellen Kollektionen gibt es zum Beispiel in seinem Shop in Burgos (*Laín Calvo 31, www.robertoverino.com*). *Manuel Varelas* (*www.enmanuel.com*) Kreationen zeugen von jugendlichem Flair. Der Designer aus Pontevedra gibt den Outfits mit bunten Farbmustern und ungewöhnlichen Schnitten das gewisse Etwas. Die ausgefallensten Modelle bewundern Fashionfans im November auf dem *Noovo Festival* in Santiago de Compostela.

▶▶ OPEN AIR KUNST

Moderne Skulpturen in Freiluftgalerien

Die Künstler greifen am liebsten zu Hammer und Meißel und schaffen Skulpturen aus Stein und Holz. Dabei überwinden die Macher klassische Formen und setzen ihren Arbeiten mit modernen Elementen das i-Tüpfelchen auf. In der ganzen Region werden dafür Orte in Freiluftgalerien umfunktioniert: Bildhauer Victor Corral fertigt abstrakte Werke aus Granit an, die im Garten seines *Casa Museo de Esculturas (Museo 26)* in seinem Geburtsort Baamonde bestaunt werden können. In Pontevedra wurden gleich mehrere Skulpturen internationaler Künstler in einem einzigartigen Projekt auf einer Insel verteilt (*Illa Das Esculturas, www.isladesculturas.com*). Diesem Ausstellungskonzept folgt auch das *Centro Galego de Arte Contemporánea* mit seinem Projekt „Art in the Park" (*Rúa Valle Inclán s/n, Santiago de Compostela, www.cgac.org*), das vor allem moderne Skulpturen auf der Terrasse der Galerie zeigt.

▶▶ KLEIN UND FEIN

Reine Geschmackssache

Bei den Spaniern hoch im Kurs: Tapas-Touren. Verschiedenen Anbieter ermöglichen Gourmets, sich durch die bunte Tapaswelt zu probieren. Anmelden und mit einem Führer durch die Restaurants ziehen! Bei *Santiago Tapas Crawl (www.santiagoetapas.com)* isst man nicht nur die besten Tapas der Stadt, sondern bewertet diese anschließend. Meist werden die kleinen Leckereien, wie beim *Tapeando Por Burgos*, in zwei bis drei Kategorien bewertet *(www.tapeandoporburgos.com)*. Gute Karten in Sachen Design hat das Kabeljaupüree mit süßen Zwiebeln und Knoblauchtomaten, das es nicht nur beim *Concurso de Tapas de Lugo,* einem Tapaswettbewerb *(www.lugo.es)*, zu probieren gilt. Die Kreation der *Taberna Daniel* in Lugo *(Rúa Bispo Basulto 4)* wird im Glas serviert.

▶▶ HELFENDE HÄNDE

Vögel und Co. bekommen eine Chance

Immer mehr Menschen in der Region setzen sich für den Erhalt und Schutz der Umwelt ein. Die Mitglieder des Vereins *Asociación para a Defensa Ecolóxica de Galizia (www.adega.info)* säubern regelmäßig die Küsten. Vogelschutzorganisationen wie die *Sociedad Española de Ornitología (Burgos, www.seoburgos.blogspot.com)* kümmern sich z.B. um gestrandete Seevögel oder organisieren Vogelzählungen. *Verdegaia* will mit Fahrradtagen dafür sorgen, dass die Bevölkerung regelmäßig auf das Auto verzichtet *(Apdo. Correas 49, Santiago de Compostela , www.verdegaia.org)*.

▶▶ FUSION SOUNDS

Von Elektro bis Hip-Hop

Musiker mischen traditionelle Klänge mit modernem Sound. Beim Gitarristen *Nacho* aus Vigo verschmelzen E-Gitarren-Solos und Drums zu einem funkigen Mix aus Jazz und Rock *(www.myspace.com/nachovigo)*. Ob spanischer Hip-Hop oder Elektro zu traditionellen Texten – bei *Safari Orquestra* aus Lugo ist kein Song wie der andere *(www.myspace.com/safariorquestra)*. Live bekommt man den Sound der Region beim alljährlichen *Festival Festichan (Moaña, Pontevedra, www.festichan.com)* oder im *Sala Capitol* in Santiago de Compostela *(Rúa Concepción Arenal 5, www.salacapitol.com)* zu hören.

> DUDELSÄCKE, WEIN & KUHGLOCKENTÄNZER

Allen modernen Strömungen zum Trotz kommt in Spaniens Norden die Traditionspflege nicht zu kurz

ARCHITEKTUR

In Spaniens Norden pflegt man ein ausgesprochenes Faible für moderne Architektur. In Bilbao hat der aus Kanada stammende Architekt Frank O. Gehry mit dem Guggenheim-Museum Maßstäbe gesetzt. Je nach Lichteinfall glänzt der Belag aus hauchdünnen Titanplatten golden oder silbern. Jüngste Mode sind die modernen Weinpaläste in der Rioja.

Gehry war dort bei den Bodegas *Marqués de Riscal* im kleinen Elciego ebenso tätig wie Spaniens Stararchitekt Santiago Calatrava bei den *Bodegas Ysios* in Laguardia. In Santiago de Compostela entsteht bis ca. 2012 nach Plänen des US-Architekten Peter Eisenman die „Kulturstadt Galiciens" *(Cidade da Cultura de Galicia),* die von Kritikern als inhaltslos und überteuert angeprangert wird. In krassem Gegensatz dazu ste-

STICH WORTE

hen all die Gotteshäuser und urigen Dörfer am Jakobsweg, bei denen man zumeist auf das vor Ort verfügbare Material zurückgriff: von Sand- über Kalk- bis Bruchstein, vom Schiefer für die Dächer bis zu Flusskieseln für die Bodendekoration in Kreuzgängen. Auf keltischen Vorbildern beruhen die *pallozas* genannten Wohnhäuser, strohgedeckte Rundbauten aus Stein, wie man sie im galicischen O Cebreiro vorfindet.

ETA

Der Name der baskischen Terrororganisation steht für *Euskadi ta Askatasuna,* „Baskenland und Freiheit". Gegründet wurde die Eta 1959 zu Zeiten der Franco-Diktatur; sie bot dem Regime die Stirn und verfolgte den Traum von einem „freien Baskenland". Diese Illusion ist heute so unrealistisch wie damals. Die Eta ist bis in die Gegenwart hinein aktiv, auch wenn der Rückhalt in der Bevölkerung abgenommen hat. Vereinzelte Attentate richten sich gegen Richter, Politiker, Militärs, Polizisten. Verhandlungen mit den Separatisten haben die sozialistische Zapatero-Regierung in die Kritik gebracht. Immer wieder versuchen die Terroristen Zugeständnisse zu erzwingen.

Sumpflandschaften bieten Weißstörchen reich gedeckte Tische. Hier gedeihen Steineichen, Zistrosen, Heidekraut, Ginster. In kargeren Regionen der Meseta suchen Hasen das Weite, in die Stille zwitschern Ler-

Wildromantische Berglandschaft am Pass von Somport in den Pyrenäen

FLORA & FAUNA

Wölfe und Bären in den Pyrenäen gehören der Vergangenheit an, dafür breiten heute Gänsegeier und Milane ihre Schwingen aus. In den Buchen- und Kiefernwäldern Navarras ist Schwarz- und Rotwild verbreitet, in der Rioja und Kastilien-León sieht man viele Storchennester; Fluss- und

chen hinein. An den Küsten Galiciens leben Krähenscharben und Möwen, in den Meeresarmen sieht man gelegentlich sogar Delphine.

HEILIGE

Mögen die erzkatholischen Wogen im Spanien von heute abgeebbt sein – die Verehrung von Heiligen und ihren Reliquien spielt eine unverändert große Rolle. Dies schließt nicht nur Spaniens Nationalheros Jakobus (Santiago) und seinen Festtag, den

> *www.marcopolo.de/jakobsweg*

25. Juli, ein, sondern eine ganze Reihe international unbekannterer Heiliger. Jaca feiert eine Märtyrerin aus maurischer Ära, Santa Orosia, am 25. Juni als Patronin; San Fermín, ein Märtyrer aus Römerzeiten und Schutzheiliger von Pamplona, hat seinen Tag am 7. Juli. Auch tatkräftige Helfer am Jakobsweg lässt man hochleben. Burgos begeht den Todestag des Abtes San Lesmes am 30. Januar. Rund um den 12. Mai dreht sich das Festgeschehen in Santo Domingo de la Calzada um den Namensgeber des riojanischen Städtchens.

KÖNIGSHAUS

Im Dienste Spaniens sind sie weltweit unterwegs: König Juan Carlos I., Königin Sofia und die drei Kinder (Felipe, Elena, Cristina). Allerdings ist es kein Wunder, dass von Spaniens Royals keine Skandale an die Öffentlichkeit dringen. Es traut sich niemand, Negativschlagzeilen zu verbreiten. Das kann in Spanien nämlich strafrechtlich verfolgt werden! Die Presse bleibt also mundtot. Dennoch gibt es neuerdings vereinzelt aufkeimende Proteste gegen das Königshaus. Und dass die Familienbande bei den Royals längst nicht immer so gefestigt sind, wie sie schienen, zeigt die unlängst erfolgte Trennung von Infantin Elena und ihrem Mann Jaime de Marichalar.

LANDESNATUR

Am Jakobsweg spannen sich die Naturfacetten von den Pyrenäenpässen Somport (1640 m) und Ibañeta (1057 m) bis zu den gewellten Wiesen- und Weideflächen Galiciens. Im nördlichen Kastilien-León beherrschen die Ausläufer der Hochebene Meseta das Bild; dort hält sich der *Camino de Santiago* von Burgos über León bis Astorga auf Höhen um 800–1000 m. Zwischen Astorga und Ponferrada wirft sich ein Zwischengebirge mit dem 1504 m hohen Pilgerkreuz Cruz de Ferro auf, weiter westlich geht es in Galicien auf den 1300-m-Pass O Cebreiro hinauf. Prägnant für die Küstenstriche Galiciens sind die tief eingeschnittenen Meeresarme *(rías)*.

MUSIK

Zu den schrillen Klängen der baskischen Flöte *(txistu)* tanzt man in Navarra eine flotte *jota* (rascher Volkstanz im 3/8- oder 3/4-Takt), während sich in Galicien das keltische Erbe in Form der Dudelsäcke *(gaitas)* lebendig hält. Bei Volksfesten geht es mit Pauken und Trompeten hoch her. Liebe und Herzschmerz flammen bei den Liedern von Studentenkapellen *(tunas)* auf, die in der Universitätsstadt Santiago de Compostela häufig auftreten. Manche Landstriche und Orte pflegen ihre tänzerische Besonderheiten. In der Rioja sind dies die Stelzentänze *(danzas de los zancos)* aus Anguiano, in Navarra die in Fellumhänge gekleideten Kuhglockentänzer *(zanpanzarrak)* aus Ituren, die selbst beim Heiligabendumzug in Pamplona unter dumpf dröhnenden Klängen durch die Straßen ziehen.

SPRACHEN

Über das eigentliche Spanisch *(castellano)* hinaus sind im Zielgebiet zwei weitere Sprachen verbreitet, die Reisende im Alltag auf Tafeln und Hinweisschildern begleiten: Baskisch in Navarra, das die Urbasken als historisches Siedlungsgebiet begreifen, sowie Galicisch in Galicien. Während Baskisch *(euskera)* hart

und fremdartig klingt und als einzige lebende präindogermanische Sprache in Westeuropa bekannt ist, kommt das auf romanischen Wurzeln fußende Galicisch *(galego)* butterweich daher und hört sich wie eine Mischung aus Spanisch und Portugiesisch an. In Galicien ist der 17. Mai,

der Tag der Galicischen Geisteswissenschaften und Schrift *(Día das Letras Galegas)*, als offizieller Feiertag ausgewiesen.

TRADITIONEN

Sie alle kommen nicht ohne aus, ob Logroño oder León oder Pamplona: *plazas de toros*, Stierkampfarenen, bei denen die Spanier dem blutigen Spektakel frönen und ihre Torerohelden bejubeln. Widerstand in der Bevölkerung gegen die tierquälerische Belustigung regt sich kaum. Weniger grausamen Traditionen hängen die Galicier nach. Auf dem Lande treibt man halbwilde Pferde in Koppeln *(curros)*, setzt den Fohlen die Brandzeichen und stutzt den Pferden die Mähnen – der symbolische Sieg des Menschen über das Tier. Wilde Traditionen pflegen auch einige Jakobsweg-Städte, in denen bei Patronatsfesten Stierauftriebe durch die Straßen veranstaltet werden. Bekannt dafür sind Sahagún (um den 12.6., *Fiesta de San Juan de Sahagún*) und Pamplona (6.–14.7., *Fiesta de San Fermín*). Ursprünglich sollten so die Stiere in die Arena gebracht werden, heute ist der Auftrieb zur Volksgaudi verkommen.

WEIN

In Navarra und der Rioja durchläuft der Jakobsweg markante Weinanbaugebiete, hinzu gesellen sich kleine Anbauzonen im nordwestlichen Kastilien-León zwischen Ponferrada und Villafranca del Bierzo. Insbesondere der Rebensaft aus der Rioja genießt Weltruf und wird auf Weinmessen ein ums andere Mal mit Preisen bedacht. Über das weitläufige Becken des Río Ebro erstrecken sich die üppigen Rebgärten, die es auf etwa 50 000 ha bringen und von reichlich Sonne sowie kalkhaltigen Böden profitieren. Den Löwenanteil der riojanischen Jahresproduktion von über 300 Mio. Litern tragen die vorzüglichen Rotweine. Ein fruchtig-süffiger Jahreswein ist schon nicht zu verachten, doch Kenner geraten erst bei älteren Tropfen ins Schwärmen. *Crianzas* müssen sich mindestens sechs Monate im Eichenfass und zwölf Monate in der Flasche entwickeln, die Minimalreife der *Gran Reservas* liegt bei zwei Jahren im Eichenfass und drei Jahren in der Flasche.

WIRTSCHAFT

Spaniens Wirtschaft boomt, der heilige Jakobus hat dem Fremdenver-

kehrssektor viele Arbeitsplätze beschert. Roheisen- und Stahlerzeugung drücken vor allem Bilbao ihren Stempel auf; noch heute wirken manche Betriebe wie aus den Frühzeiten der industriellen Revolution. Die Landschaften am Jakobsweg sind von Dreckschleudern weitgehend verschont geblieben, allerdings verbreiten die Papierfabriken von Sangüesa und Estella sowie die Großbrauerei von Burgos herbe Gerüche. Als größter Arbeitgeber in Navarra sticht das Volkswagenwerk am Rand von Pamplona hervor. In der Landwirtschaft nimmt der Wein besonderen Raum ein, Navarra ist für Spargel und Kastilien-León als Kornkammer bekannt. In Galiciens Inland setzt man auf Milch und Milchprodukte, während in den Meeresarmen Muschelzuchtinseln *(bateas)* Gewinne abwerfen. Weniger erfreulich ist die Inflationsrate, die bei 4–4,5 Prozent liegt.

> DAS KLIMA IM BLICK
Handeln statt reden   atmosfair

Reisen bereichert und verbindet Menschen und Kulturen. Jedoch: Wer reist, erzeugt auch CO_2. Dabei trägt der Flugverkehr mit bis zu 10 % zur globalen Erwärmung bei. Wer das Klima schützen will, sollte sich somit nach Möglichkeit für die schonendere Reiseform (wie z.B. die Bahn) entscheiden. Wenn keine Alternative zum Fliegen besteht, so kann man mit *atmosfair* handeln und klimafördernde Projekte unterstützen.

atmosfair ist eine gemeinnützige Klimaschutzorganisation.

Die Idee: Flugpassagiere spenden einen kilometerabhängigen Beitrag für die von

ihnen verursachten Emissionen und finanzieren damit Projekte in Entwicklungsländern, die dort helfen den Ausstoß von Klimagasen zu verringern. Dazu berechnet man mit dem Emissionsrechner auf *www.atmosfair.de* wie viel CO_2 der Flug produziert und was es kostet, eine vergleichbare Menge Klimagase einzusparen (z.B. Berlin–London–Berlin: ca. 13 Euro). *atmosfair* garantiert, unter der Schirmherrschaft von Klaus Töpfer, die sorgfältige Verwendung Ihres Beitrags. Auch der MairDumont Verlag fliegt mit *atmosfair*.

Unterstützen auch Sie den Klimaschutz: *www.atmosfair.de*

RAUSCHENDE FIESTAS

Prozessionen, Stiertreiben, Umzüge mit Musik und Großkopfpuppen

> Südländisches Temperament kommt nicht nur in Andalusien vor, auch Spaniens Nordlichter wissen ausgiebig zu feiern! Besonderen Raum nehmen die Patronatsfeste ein, in die sich die wilde Sommerfiesta in Pamplona einreiht.

■ FEIERTAGE ■

1. Januar: Neujahr *(Año Nuevo)*; **6. Januar:** Dreikönigstag *(Día de los Reyes Magos)*; **19. März:** St.-Josefstag *(Día de San José)*; **Karfreitag** *(Viernes Santo)*; **1. Mai:** Tag der Arbeit *(Fiesta del Trabajo)*; **25. Juli:** Jakobustag *(Día de Santiago)*; **15. August:** Mariä Himmelfahrt *(Asunción de Nuestra Señora)*; **12. Oktober:** Tag der Entdeckung Amerikas *(Día del Descubrimiento)*; **1. November:** Allerheiligen *(Todos los Santos)*; **6. Dezember:** Tag der Verfassung *(Día de la Constitución)*; **8. Dezember:** Mariä Empfängnis *(Inmaculada Concepción)*; **25. Dezember:** Weihnachtstag *(Navidad)*. Je nach Region kommen weitere Feiertage wie Gründonnerstag *(Jueves Santo)*, Ostermontag *(Lunes de Pascua)*

und Fronleichnam *(Día del Corpus)* hinzu. Rund um lokale Patronatsfeste stehen die Arbeitsräder ebenfalls still.

■ FESTE UND ■ VERANSTALTUNGEN ■

Januar
5. Jan.: *Bunte Umzüge* am Vorabend des Dreikönigstages, u.a. in Pamplona mit Bombardements aus Bonbons, mit Musik- und Akrobatikgruppen

Februar
Karneval in Bilbao

März/April
Karwoche (Semana Santa) mit ==Prozessionen der Büßerbruderschaften== in León

Mai
Anfang Mai: Größte *Sonntagswallfahrt* nach Roncesvalles, Prozession von Holzkreuzträgern
10.–15. Mai: *Patronatsfest* in Santo Domingo de la Calzada mit Musik- und Trachtenumzügen, Verkostung sowie

Aktuelle Events weltweit auf www.marcopolo.de/events

> EVENTS
FESTE & MEHR

der „Prozession der Jungfrauen" *(Proce-sión de las Doncellas)* am 11. Mai, Tag des Heiligen: 12. Mai

Christi Himmelfahrt: rund einwöchige *Fiestas de la Ascensión* in Santiago de Compostela mit vielen interessanten ==Konzerten in der Altstadt,== auf dem Pa-seo de la Alameda und dem Campus Sur

Insider Tipp

Juni
Anfang Juni: ==*mittelalterliche Turniere*== in Puente de Órbigo am Flussufer

25. Juni: *Stadtfest in Jaca* in Gedenken an die heilige Orosia

29. Juni: *Schlacht des Weins (Batalla del Vino)* bei Haro mit Zehntausenden Litern flüssiger Munition

Ende Juni: *Fiestas de San Pedro y San Pablo*, Stadtfest in Burgos mit Umzügen und Musik

Insider Tipp

Juli
6.–14. Juli: ⭐ *Fiesta de San Fermín* in Pamplona, ununterbrochene 204 Stun-den mit Stiertreiben *(encierro)* durch die Altstadt, Stierkämpfen, Konzerten,

Märkten, Feuerwerk sowie Umzügen von Großkopf- und Gigantenpuppen *(cabezudos y gigantes)*

Um den 25. Juli: *Stadtfest in Santiago de Compostela* zu Ehren des hl. Jakobus, großes Programm und Feuerwerk

Ende Juli (oder Anfang Aug., alle zwei Jahre: 2009, 2011 etc.): *Folklorefestival der Pyrenäen* in Jaca

August
Zweite Hälfte: *Festwoche (Semana Grande)* in Bilbao, außerdem *Patronats-fest (Fiestas de Santa Marta)* in Astorga

September
Um den 8. Sept: Musikalisch umrahmtes *Patronatsfest (Fiestas de la Encina)* in Ponferrada

Um den 20. Sept: *Weinlesefest* in Lo-groño mit Traubenstampfen, Umzügen und Konzerten

Dezember
24. Dez.: *Heiligabendumzug* mit leben-den Tieren in Pamplona

> GAUMENFREUDEN SATT

Milchlämmer und Jakobsmuscheln – kulinarische Entdeckungen
von den Pyrenäen bis Galicien

> **In Spaniens Norden öffnen sich die Geschmackswelten eines grenzenlosen Genusses, ob fischig oder fleischig, ob frisch oder eingelegt. Goldene Faustregel: Immer das bestellen, was orts- und zeitnah produziert wird und keine langen Transportwege benötigt!**

In der Atlantikregion Galicien können Sie sich an Seegetier wie Jakobsmuscheln *(vieiras)* und Meerbrasse *(besugo)* gütlich tun, während in Navarra die Rinderbetriebe und in Kastilien-León die Schafzucht die herrlichsten Bissen abwerfen. Ein Filet *(solomillo)* zergeht ebenso auf der Zunge wie gebratenes Milchlamm *(cordero asado)*. Bei manchen regionalen Gerichten ist aber Entdeckerlust gefragt: Eine gekochte Schweineschnauze *(morro de cerdo)* in gelatinegleichem Zustand oder ein mundgerecht zerstückeltes Schweineohr *(oreja de cerdo)* sind nicht jedermanns Sache. Auch bei *patatas bravas*, den „wilden Brat-

Bild: Jakobsmuschel

ESSEN & TRINKEN

kartoffeln", ist wegen der scharfen Saucen Vorsicht geboten.

Für Ausländer sind die Essenszeiten gewöhnungsbedürftig: Frühstück *(desayuno)* gegen 8, Beginn des Mittagessens *(comida)* zwischen 13.30 und 15, Abendessen *(cena)* ab 21 Uhr. Spanier sind sparsame Frühstücker, die sich mit Kaffee und Gebäck begnügen. In größeren Hotels zeigt man sich jedoch gut auf den Appetit auswärtiger Gäste eingestellt.

Für den kleinen Hunger zwischendurch greift man auf Tapas zurück, Appetithäppchen jedweder Art, die an den Kneipentresen auf ihre Verzehrer warten. In einer Stadt wie Pamplona schlägt ein Häppchen mit bis zu 2 Euro recht hoch zu Buche. Besonderen Ausgehspaß hingegen verheißt León, denn hier gibt es Tapas kostenlos zum Getränk, und das animiert dazu, von Bar zu Bar zu ziehen! Auch Logroños Gasse Calle del

Laurel zeigt sich Freunden der Schlemmerkleinkunst als Schlaraffenland. Nur Greenhorns werden hier und andernorts den Fehler begehen, vor schmutzigen Kneipenfußböden voller Zahnstocher, Kippen und Papierservietten die Flucht zu ergreifen. Sie sollten die Devise „Hier sieht es unappetitlich aus, hier bleibe ich" beherzigen. Der Boden präsentiert sich als Spiegelbild des Zulaufs an Einheimischen! Ein Tipp: Wer in der Gruppe ausgeht, sollte vorher das Geld in einen Topf werfen. Eine getrennte Abrechnung wird nicht gern gesehen.

> SPEZIALITÄTEN

Genießen Sie die typisch spanische Küche!

alubias rojas – rote Bohnen, als Eintopf mit Wurst oder gekochtem Speck

cabrito al horno – im Ofen geschmortes Zicklein

chipirones en su tinta – gekochte Tintenfischstücke mit einer Sauce aus der eigenen Tinte und Zwiebeln

chuletas de cordero – gebratene Lammkoteletts

cocido gallego – galicischer Eintopf mit Rind- und/oder Hühnerfleisch, Kartoffeln, Schinken und Gemüse

cogollos – Salatherzen; mit Knoblauch, Essig und Öl angemacht und mit eingelegten Sardellen dekoriert

cuajada – Schafsmilchjoghurt

empanada – Teigtasche in Groß- oder Kleinformat, wird gerne mit Hackfleisch oder Thunfisch gefüllt

entremeses – kalte Vorspeisenplatte, zu der u.a. *chorizo* (Paprikawurst), *jamón serrano* (luftgetrockneter Schinken) und Käse gehören

lacón con grelos – gekochtes Schweineschinkenstück mit Steckrübenblättern, typisch für Galicien

mejillones al vapor – in Salzwasser gedämpfte Miesmuscheln

menestra – Gemüsetopf mit verschiedenen Zutaten wie Erbsen, Bohnen, Paprika, Artischocken

pacharán – Schlehenlikör, populär in Navarra

pulpo a feira – gekochte Oktopusstücke, in mundgerechte Stücke zerhackt, mit Paprika und Salz gewürzt und mit Öl beträufelt (Foto)

tarta de Santiago – Jakobuskuchen, bei dem zermahlene Mandeln den Geschmackston angeben

tetilla gallega – galicischer „Brüstchenkäse", bei dem die Rundform den Namen vorgibt; aus Kuhmilch gewonnen, oft weich und cremig

trucha a la navarra – Forelle auf Navarra-Art, belegt mit einer Scheibe luftgetrocknetem Schinken

vieira – Jakobsmuschel mit festem Fleisch, wird gerne in der offenen Schale überbacken serviert

Bei den Getränken gehören gezapftes Bier *(caña)* und süßer Traubenmost *(mosto)* zum Standard, ein trockener Sherry ist als *fino* bekannt. Spanischer Alltag ohne Wein ist undenkbar, am Jakobsweg erwarten Sie klassische Anbauregionen: Navarra mit Rosés *(rosados)*, La Rioja mit Rotweinen *(tintos)*, Galicien mit Weißweinen *(blancos)*. Im Regelfall wird ein offener Hauswein von akzeptabler Qualität ausgeschenkt, ein paar Gütegrade besser kommen jedoch ein roter fassgereifter *crianza* oder ein weißer galicischer *albariño* daher. Nach dem Essen genehmigt man sich einen Cognac *(coñac)* wie den vorzüglichen „Carlos I" oder einen navarresischen Schlehenlikör *(pacharán)*. Der hochprozentige galicische Tresterbranntwein *(orujo)* ist klar.

Die Lebensgeister weckt ein Kaffee, der hier stark geröstet ist. Einen Espresso bestellen Sie als *café solo*, einen Milchkaffee als *café con leche*, einen kleinen Kaffee mit ein wenig Milch als *cortado*. Zur wärmeren Jahreszeit mixt man Wein mit weißer Limonade gern zu einem „Sommerrotwein", *tinto de verano*. Demhingegen lassen schwarzer Tee *(te)* und Sprudelwasser *(agua con gas)* Spanier eher erschaudern. Wasser wird „still" geordert *(agua sin gas)* bzw. kommt direkt aus dem Hahn.

Einfache Restaurants gibt es wie Sand am Meer, montags bis freitags sind Sie mittags mit einem Tagesmenü *(menú del día)* gut beraten. Ein solches Menü setzt sich meist aus drei Gängen zusammen, kostet ab 8 Euro aufwärts und beinhaltet Wasser, Wein und Brot. An den Wochenenden kann das Menü teurer oder ganz von der Karte gestrichen sein, abends isst man oft à la carte. Für einen soliden Sättigungsgrad sorgen Tellergerichte *(platos combinados)*, während sich mehrere Leute gern eine Portion *(ración*; z.B. Käse, Schinken, Garne-

Feudales Gedeck: ein guter Rotwein, Käse, Trauben und Tomaten

len) als kulinarisches Vorspiel teilen. Gehobene Lokale sind mit zwei oder drei Gabeln klassifiziert, je nach Saison empfiehlt sich eine Tischreservierung. In sehr guten Restaurants ist gelegentlich ein Kostprobenmenü *(menú de degustación)* der Clou; viele kleinere Portionen machen mit den Spezialitäten des Hauses vertraut, die preisliche Untergrenze liegt dafür bei etwa 30 Euro pro Person.

SHOPPINGSPASS IN HISTORISCHEN VIERTELN

Kleine Altstadtläden verlocken zum Stöbern

> Unverwechsel- statt austauschbar, Unikate statt langweiliger Massenware: In den über das Zielgebiet verbreiteten Altstädten behaupten sich alteingesessene Geschäfte. Shopping und Schaufensterbummel machen hier richtig Spaß! Hier finden Sie in den kleinen Läden das gewünschte Paar Lederschuhe, den lange gesuchten Fächer, eine schicke Bluse oder die passende Jacke – und einen Plausch mit den Verkäufern gibt es gratis dazu! Schlitzohrig geht es meist in Antiquitätenläden zu, denn hier weiß man genau um den Wert der Ware.

KULINARISCHES

Zu kulinarischen Entdeckungen laden die Wochenmärkte *(mercados)* ein, auf denen man sich von der Dosenwurst bis zum Tresterbranntwein mit haltbaren Produkten eindecken kann. Käse oder ein Stück luftgetrockneten Schinken können Sie sich mancherorts gegen einen kleinen Aufpreis luftdicht in Plastikfolie einschweißen lassen *(envasar al vacío)*. Wer ab Santiago de Compostela nach Hause fliegt, kann in der Altstadt einen Jakobuskuchen in gut transportabler Pappverpackung mitnehmen.

KUNSTHANDWERK

In Bezug auf Kunsthandwerk führt der Norden Spaniens im Gegensatz zu anderen Gegenden eher ein Schattendasein – aber es gibt Ausnahmen! So fertigen die Kartäusermönche der vor den Toren von Burgos gelegenen Cartuja de Miraflores nach wie vor Rosenkränze aus echten Rosenblättern in Handarbeit. Beliebtes Mitbringsel aus der Rioja ist Keramik aus dem Jakobswegort Navarrete, in Navarras Hauptstadt Pamplona stehen lederne Weinbeutel *(botas)* im Angebot. Auf besondere Traditionspflege setzt Galicien mit Klöppelspitzenarbeiten *(encajes)* und der Silberschmiedekunst, was sich in der Geschäftsszene von Santiago de Compostela widerspiegelt. Typisch für Schmuckarbeiten aus Santiago ist der verarbeitete Gagat *(azabache)*, auch bekannt als Jettstein. Dabei handelt es sich um einen pechschwarzen Kohlestein, der

> EINKAUFEN

für Ringe, Broschen und Ketten sorgsam poliert wird.

MUSIK

Spanier lieben die eigenen spanischen Pop- und Rockrhythmen. Bands wie Café Quijano und La Oreja de van Gogh stürmen regelmäßig die Charts, doch auch Gruppen wie El Señor Ramón und La Biscuit Box, beide aus Navarra, haben ihre Fangemeinde. Fröhlich bis romantische Lieder spielen die Studentenkapellen *(tunas),* keltische Klänge bestimmen den galicischen Folk. Gut sortierte Musikabteilungen, in denen Sie die CDs bekommen, findet man in den Kaufhausfilialen der Kette *El Corte Inglés.*

PILGERSOUVENIRS

Während manche Andenken weit in der Kitschecke stehen, können ein unterwegs erstandener handgeschnitzter Wanderstock oder die Schale einer Jakobsmuschel eine durchaus nette Erinnerung sein. Schalen der Jakobsmuschel werden häufig am Wege verkauft und gelegentlich mit dem roten Schwertkreuz der mittelalterlichen Jakobsritter verziert. In der Altstadt von Santiago de Compostela findet man inflationäre Angebote, ebenso Muscheln aus Keramik. Gerne gekauft werden auch einfache T-Shirts oder Kappen, die den gelben Pfeil als Motiv tragen.

WEIN & CO

Eine gute Gelegenheit zum Weinkauf direkt beim Erzeuger bieten die zahlreichen Kellereien *(bodegas)* in Navarra und der Rioja. Für die Qualität bürgt das Rückenetikett, auf dem die geschützte Herkunftsbezeichnung *(denominación de origen)* vermerkt ist. Bei Mönchen stößt man häufig auf Höherprozentiges: im Benediktinerkloster Leyre und in dem bei Burgos gelegenen Zisterzienserkloster San Pedro de Cardeña werden schmackhafte Kräuterliköre verkauft. Den galicischen Trester *(orujo)* können Sie in kleineren Läden in der Altstadt von Santiago de Compostela erstehen.

Insider Tipp

> STEINDÖRFER, KLÖSTER, GEBIRGSKULISSEN

Mit Schätzen aus Kultur und Natur zeigen sich die Gegenden bestens bestückt

> Halbwilde Pferde hinter der alten Grenz-station, eine Marienkapelle, Schneeleit-pfosten – und noch 858 km bis Santiago. Umkränzt von den Steinkulissen einer grandiosen Gebirgswelt und umweht von unverbrauchter Höhenluft, markiert der französisch-spanische Pass von Somport das Steildach des Jakobsweges: 1640 m. Der Anstieg aus Frankreich verlangt Pilgern alles ab und hat diese Vari-ante, den Aragonesischen Weg, nie die Zugkraft des Camino Francés er-reichen lassen – doch das macht die Strecke bis Puente la Reina nicht we-niger faszinierend!

JACA

[121 F4] ★ Das muntere Städtchen (14 000 Ew.) am oberen Río Aragón besitzt rund um die klobige Kathedrale eine se-henswerte und ebenso rasch überschau-bare Altstadt – die Orientierung fällt nicht schwer. In der City spielt sich das Le-

Bild: Embalse de Yesa

ARAGONESISCHER WEG

ben um die geschäftsreiche Calle Mayor ab, abzweigende Gassen laden zu Streifzügen und kleine Kneipen zur Einkehr ein. Besonders nett sitzt man im Schatten der Arkaden gegenüber der Catedral. Über die Innenstadt verteilen sich weitere Kirchen wie Santiago (Ursprung Ende 11. Jh.) und San Ginés mit dem Sarkophag der Königstochter Sancha; an der Avenida Primer Viernes de Mayo liegt die weitläufige Zitadelle.

Insider Tipp

■ SEHENSWERTES ■

CATEDRAL DE SAN PEDRO

Erste romanische Kathedrale (11./12. Jh.) Spaniens, 15.–18. Jh. erweitert. Im Altarbereich Silberschreine verschiedener Heiliger wie der Stadtpatronin Orosia, der auch eine eigene Kapelle geweiht ist. Das angeschlossene *Diözesanmuseum* legt sich um den Kreuzgang *(bis ca. 2010 geschl.). Kathedrale tgl. 11–13.30, 16.30–20 Uhr | Plaza de la Catedral*

JACA

▣ ESSEN & TRINKEN ▣

LA COCINA ARAGONESA

Regionaltypische Küche, gehobener Stil. Anspruchsvolle Esser ordern das Degustationsmenü. *Di abends und Mi geschl. | Paseo de la Constitución (Hotel Conde Aznar) | Tel. 974 361050 | €€€*

seo de la Constitución 1 | Tel. 974 36 09 00 | Fax 974 36 40 61 | *www. inturmark.es | €€*

▣ AUSKUNFT ▣

Plaza de San Pedro 11–13 | Tel. 974 36 00 98 | Fax 974 35 51 65 | *www. jaca.com*

Kreuzgang des Klosters San Juan de la Peña

MESÓN COBARCHO

Freundlich eingerichtet, Spezialitäten sind Fleischgerichte vom Grill. Auch Tagesmenü. *Mo geschl. | Calle Ramiro I s/n | Tel. 974 36 36 43 | €€*

▣ ÜBERNACHTEN ▣

GRAN HOTEL 🔊

Passabler, zweckmäßiger Drei-Sterne-Block in strategisch recht günstiger Lage. *165 Zi. | im Regelfall Mitte Okt.–Anfang Dez. geschl. | Pa-*

▣ ZIELE IN DER UMGEBUNG ▣

MONASTERIO DE SAN JUAN DE LA PEÑA ★   [121 F4]

Zum Nationaldenkmal erklärtes früh-romanisches Kloster unter einem Felsüberhang, mit Kreuzgang und Grablege aragonesischer Könige. *Stark wechselnde Öffnungszeiten, Basiszeiten tgl. 10.30–14 und 15.30 bis 17.30 Uhr; im Hochsommer meist durchgängig 10–20 Uhr; erkundigen Sie sich vorab im Fremdenverkehrs-*

ARAGONESISCHER WEG

amt in Jaca oder unter www.monasteriosanjuan.com | ca. 20 km südwestlich von Jaca, ausgeschilderter Abzweig ab der N 240 (Jakobsweg), letzter Teil der Anfahrt gut kombinierbar mit einem Besuch der romanischen Klosterkirche Santa Cruz de Serós

PASS VON SOMPORT ★ ☼ [121 F3]

Wanderer ziehen von Oloron-Sainte-Marie her hinauf, die Landstraße schlägt bis zum 1640 m hoch gelegenen Pass von Somport unzählige Kehren. Die Höhen erlauben herrliche Rundumblicke in die grandiose Bergwelt der Pyrenäen. Nicht jeder Pilger wählt diese Jakobswegvariante; ab Jaca nehmen Motorisierte das 30-km-Stück bis zum Pass gerne in Gegenrichtung als Ausflugsziel in Angriff. Am Wege liegt das Wintersportgebiet von Candanchú, wo am Ortsrand ein interessantes Ruinenfeld vom Pilgerspital Santa Cristina (11. Jh.) kündet.

▪STRECKENVERLAUF▪

JAKOBSWEG BIS SANGÜESA [121 D4]

Auf knapp 70 km zieht sich der *Camino* durch das dünn besiedelte Aragonien bis ins östliche Navarra, nennenswerte Zwischenstation ist *Puente la Reina de Jaca* mit der Brücke über den *Río Aragón*. Ab dort löst sich der Weg endgültig von der Nationalstraße und führt über Artieda südlich des Yesa-Stausees nach *Sangüesa*. Motorisierte und Radler bleiben auf der N 240, die an der Nordflanke des „Pyrenäenmeers" vorbeikurvt und hinter Yesa einen 4-km-Abstecher zu einer der größten Sehenswürdigkeiten Nordspaniens erlaubt: dem ★ *Monasterio de Leyre*, einem von Benediktinern geführten Bergkloster im Schatten der Sierra de Leyre *(Mo–Fr 10.15–14, 15.30–19, im Winter bis 18, Sa/So 10.15–14, 16–19, im Winter bis 18.30 Uhr)*. In der romanischen Krypta sehen Sie wuchtige Säulen und Kapitelle, durch das reich deko-

MARCO POLO HIGHLIGHTS

★ **Jaca**
Geschäftige Gassen und Laubengänge, mittendrin die Kathedrale (Seite 30)

★ **Pass von Somport**
Gebirgsgewalt der Pyrenäen
(Seite 33)

★ **Iglesia de Santa María la Real**
Prachtvoll das Südportal der Kirche in Sangüesa (Seite 34)

★ **Sos del Rey Católico**
Hier hält sich das Mittelalter lebendig (Seite 36)

★ **Iglesia de Santa María de Eunate**
Rätselhaftes romanisches Kleinod
(Seite 37)

★ **Javier**
Felsenburg in prächtiger Lage
(Seite 35)

★ **Monasterio de San Juan de la Peña**
Bergkloster unter riesigem Felsüberhang (Seite 32)

★ **Monasterio de Leyre**
Romanische Krypta mit Säulen und Kapitellen (Seite 33)

rierte Speciosa-Portal (12. Jh.) betreten Sie die Kirche mit ihrer Marienskulptur und einer Grabtruhe diverser Könige Navarras. Ein holpriger

Wanderpfad führt zur nahen *Virila-Quelle,* der ✹ Blick schweift hinab zum blaugrünen Stausee. Für Hin-

qualmt die Papierfabrik. Im Mittelalter war Sangüesa ein wichtiger Pilgerrastplatz und ein glaubensstarkes Fleckchen, was sich an Kirchen wie Santa María la Real, San Salvador und Santiago ablesen lässt. Navarras Könige stiegen im wehrhaften Pala-

Wildromantisch ist der Weg zur Virila-Quelle beim Monasterio de Leyre

und Rückweg sollten Sie eine Stunde einplanen, ab dem Kloster ist der Pfad ausgewiesen. Für die Rast im Klosterkomplex eignet sich die Bar, außerdem *Restaurant* und *Hospedería de Leyre (32 Zi. | Tel. 948 88 41 00 | Fax 948 88 41 37 | www.hotelhospe deriadeleyre.com | €).*

SANGÜESA

[121 D4] Beschauliche Kleinstadt (6000 Ew.) am Río Aragón, außerhalb

cio ab, belebteste Straße ist die Calle Mayor.

SEHENSWERTES

IGLESIA DE SANTA MARÍA LA REAL ★

Alte Ansichten zeigen die traumhafte Lage der Kirche aus dem 12./13. Jh.: als sich das Südportal noch freiem Feld zuwandte und nicht von Verkehr und Häusern bedrängt wurde. Dennoch ist die Faszination, die von einem der beeindruckendsten Ensembles am Jakobsweg ausgeht, auch

ARAGONESISCHER WEG

heute noch ungebrochen: mit Säulen und Bögen, sündhaften Wesen und Apostelskulpturen, der Himmelskönigin Maria und Christus als Pantokrator. Die von den Bildhauern des Mittelalters eingestreuten Motive reichen vom keltischen Flechtband bis zur nordischen Sigurdssage. Der achteckige Wehrturm trägt einen spitzen Aufsatz, im Kircheninnern verehren die Gläubigen ein gotisches Bildnis der Virgen de Rocamador. *Unregelmäßig geöffnet, Infos gegenüber im Touristenbüro; Calle Mayor*

■ ESSEN & TRINKEN ■
BAR LA BODEGA
Einfacher Treffpunkt der Einheimischen in der Altstadt, niedrige Preise. *So geschl. | Calle Mayor 57 | Tel. 948 871137 | €*

MEDIAVILLA
Die Grillgerichte genießen zu Recht einen sehr guten Ruf. *So abends und Mo geschl. | Calle Alfonso el Batallador 15 | Tel. 948 870212 | €€–€€€*

■ ÜBERNACHTEN ■
CAMPING CANTOLAGUA
Gut ausgestatteter Platz, günstig sind **Insider Tipp** die Bungalows für mehrere Leute. Ganzjährig geöffnet. *Camino de Cantolagua | Tel. 948 43 03 52 | Fax 948 87 13 13 | www.campingcantolagua.com | €*

YAMAGUCHI
Recht nüchternes, aber sehr zweckmäßiges Zwei-Sterne-Hotel mit der größten Zimmerauswahl weit und breit. *40 Zi. | Ctra. de Javier s/n | Tel. 948 87 01 27 | Fax 948 87 07 00 | www.hotelyamaguchi.com | €–€€*

■ AUSKUNFT ■
Calle Mayor 2 | Tel./Fax 948 87 14 11 | oit.sanguesa@navarra.es

■ ZIELE IN DER UMGEBUNG ■
JAVIER ★ ☀   [121 D4]
Felsenburg mit Wurzeln im 10. Jh., einem weiten Freiplatz und einem schönen Fernblick auf die Sierra de Leyre, 8 km östlich von Sangüesa. Auf dem Kastell wurde der heilige Franz Xaver (spanisch Francisco Javier, 1506–52) geboren, der den Jesuitenorden mitbegründete und später als Missionar nach Asien zog. An die Burg grenzt ein einschiffiges Kirchlein, auf der Gegenseite des Platzes liegt die *Iglesia de Santa María* mit dem Taufbecken des Heili-

>LOW BUDGET

> In Jaca, das sich allgemein durch ein angenehm bodenständiges Preisniveau auszeichnet, kann man gut auf preiswerte Häppchentour gehen. Beliebte Tapaskneipen sind die *Bar Pirineo (So geschl. | Calle del Carmen 8 | Tel. 974355141)*, die *Bar La Portaceta (So geschl. | Pasaje Unión Jaquesa 4 | Tel. 974361471)* und die *Cafetería Ulzama (tgl. | Plaza Cortes de Aragón 8 | Tel. 974355722)*, in der es auch Eis und Tellergerichte gibt.

> Im *Monasterio de Leyre* bringen die Benediktiner jeden Abend um 19 Uhr (nur an den Donnerstagen von Mai–Sept. erst um 19.30 Uhr) gregorianische Gesänge zu Gehör. Dies gibt gleichzeitig eine gute Gelegenheit, die romanisch-gotische Klosterkirche kostenlos zu besuchen.

Insider
Tipp

gen. In die Burg ist eine kleine Kapelle integriert, deren interessante Fresken Skelettmotive zeigen. *Tgl. 10–13.30, 15.30–17.30, im sommer bis 18.30 Uhr*

Rustikale Unterkunft bieten das *Hotel El Mesón (8 Zi. | Plaza de Javier s/n | Tel. 948 88 40 35 | Fax 948 88 42 26 | www.hotelmeson.com | €; Mitte Dez.–Mitte Feb. geschl.)* und das deutlich größere *Hotel Xabier (45 Zi. | Plaza de Javier s/n | Tel. 948 884006 | Fax 948 88 40 78 | www.hotelxabier.com | €€).* Beiden Hotels sind Restaurants *(€–€€)* angeschlossen, es gibt im Ort auch einige Bars.

SOS DEL REY CATÓLICO ⭐ [121 D4–5]
Rund 10 km südöstlich von Sangüesa liegt der Geburtsort des Königs Ferdinand von Aragonien (1452–1516); im Mittelalter stark bewehrt und heute denkmalgeschützt mit malerischen Ansichten: Türme, Bögen, Gassen, Mauern, Blumenschmuck und wappenverzierte Adelshäuser. Zum baulichen Erbe zählen die *Iglesia de San Esteban* (Krypta, Wandmalereien) und die *Casa de la Vila* (Rathaus). Stilvolle Unterkunft samt Restaurant im *Parador (66 Zi. | Calle Arquitecto Sainz de Vicuña 1 | Tel. 948 88 80 11 | Fax 948 88 81 00 | sos @parador.es | €€€).* Auf schmackhafte Traditionsküche, zu der je nach Jahreszeit Wild- und Pilzgerichte gehören, setzt das Restaurant *La Cocina del Principal (So abends und Mo geschl. | Calle Fernando el Católico 13 | Tel. 948 88 83 48 | €€€).* Einfachere Kneipen gibt es rund um den Hauptplatz.

▪ STRECKENVERLAUF ▪
JAKOBSWEG BIS PUENTE LA REINA [120 C4]
Auf dem letzten, 50 km langen Stück des *Camino Aragonés* verlaufen

➤ BLOGS & PODCASTS
Gute Files und Tagebücher im Internet

➤ *www.jakobus-info.de* – Umfangreiche Infos und große Themenvielfalt, zahlreiche Erfahrungsberichte und praktische Tipps unter dem Stichpunkt „Pilger-Forum".

➤ *http://camino.schultz-web.net* – Private Seite über eine ökumenische Pilgergruppe unterwegs auf dem Camino.

➤ *http://jakobsweg.yigu.de* – Gutes Beispiel für eine informative, private Pilgerseite inklusive Etappenplan und hilfreicher Packliste.

➤ *www.podcast.de* – Hier gibt es zahlreiche Audio-Podcasts zum Thema Jakobsweg; eine Übersicht finden Sie unter dem Stichwort „Jakobsweg" unter „Episoden".

➤ *www.spanisch-live.de* – Mit dem Spanisch-Podcast können Sie sich unterwegs mit dem Üben der spanischen Sprache die Zeit vertreiben.

➤ *www.pilgrimage-to-santiago.com* – Private Pilger-Podcast-Seite mit Erfahrungsberichten und guten Tipps – allerdings nur auf Englisch.

Für den Inhalt der Blogs & Podcasts übernimmt die MARCO POLO Redaktion keine Verantwortung.

ARAGONESISCHER WEG

Straße und Wanderroute weitgehend getrennt und kommen im netten Streckenort Monreal wieder zusammen. Störend ist auf diesem Teilstück der Lärm der nahen Autobahn von Pamplona nach Jaca. *Monreal* liegt zu Füßen des Berges Higa de Monreal (1289 m), auf den ein holpriges Sträßchen hinaufführt. Mitten im Dorf spannt sich eine Steinbrücke über den Río Elorz. Unterkunft bietet an der Durchgangsstraße das *Hostal Unzué (11 Zi. | Tel. 948 36 20 08 | Fax 948 36 21 88 | hostalunzue@wanadoo.es | €);* angeschlossen ist ein Restaurant mit deftiger, einfacher Küche. Ab Monreal führt der Verlauf von Weg und Straße über Otano, Tiebas und die viel befahrene N 121 Pamplona–Tafalla. Motorisierte sollten sich nicht strikt an den Verlauf des *Camino Aragonés* halten, sondern einen Abstecher nach Pamplona einschieben.

Wenige Kilometer vor dem legendären Kreuzungspunkt in *Puente la Reina*, an dem der Aragonesische und der Französische Weg zusammentreffen, taucht linker Hand der Landstraße die ⭐ *Iglesia de Santa María de Eunate* auf. Umzogen von einem ungleichmäßig geformten Arkadenhof, ragt der romanische Kirchenbau (12. Jh.) einsam aus der Landschaft. Man schaut zu Sparrenköpfen und Steinmetzzeichen auf, ins Innere dringt gedämpftes Licht durch Alabasterfenster. Ob die Tempelritter hier ein zeremonielles Zentrum unterhielten oder ob eine Totenkapelle für verstorbene Pilger bestand – um den rätselhaften Ursprung des einzigartigen Bauwerks ranken sich verschiedene Theorien.

Auf dem verbleibenden Kurzstück bis Puente la Reina sehen Sie linker Hand einen bewaldeten Hügel mit der Einsiedelei *Arnotegui*. Der Über-

Romanisches Kleinod auf der grünen Wiese: Santa María de Eunate

lieferung nach soll dort ein Schwesternmörder ein reuiges Dasein bis zu seinem eigenen Tod gefristet und vorbeiziehende Jakobspilger versorgt haben.

> WIESEN, WÄLDER UND WILDE TRADITIONEN

Kontrastreiches auf dem Französischen Weg: Bergesstille in den Pyrenäen und Hemingways erste Fiestaadresse Pamplona

> **Die Hauptpilgerroute durchläuft Navarra von Ost nach West, zieht sich von Frankreich her über die Bergrücken der Pyrenäen und läuft durch wald- und wiesenreiche Gebiete auf Pamplona zu.**
Dort schlagen im Juli die Fiestawogen hoch, aber auch sonst gibt sich die Universitäts- und Regionalhauptstadt quicklebendig. Zwischen Pamplona und Logroño zeigt der kleine Kontinent Navarra mit aller Macht, warum er den Namensschmuck ver-

dient. Ob die berühmte Brücke von Puente la Reina, die Kirchen von Estella, die Dörfer und Rebgärten am Wege – sie alle runden die Bilder bis in die Rioja hinein ab.

RONCES-VALLES

[121 D3] Kleiner Ort (100 Ew., baskisch Orreaga) mit großer Bedeutung für den

Bild: Pamplona, Plaza del Castillo

NAVARRA

Camino, da sich das Gebirgskloster von frühesten Zeiten an um Aufnahme und Pflege der Pilger kümmerte. Den Ausschlag gab die strategische Lage auf 960 m Höhe unterhalb des Ibañeta-Passes; die Straße führt unmittelbar an der Klosteranlage vorbei.

■ SEHENSWERTES ■

MONASTERIO RONCESVALLES ⭐

Einstiges Augustinerkloster, bei dessen Besichtigung Sie sich entscheiden müssen, womit Sie beginnen wollen: mit dem Museum voller Schätze – wie einem mittelalterlichen Evangelienbuch mit Silbereinband – oder mit dem Kreuzgang und dem gotischen Kapitelsaal mit dem Grabmal des 1234 verstorbenen Königs Sancho el Fuerte. Ein Kombiticket erlaubt den Besuch der Santiago-Kapelle und des Beinhauses, wo Sie durch einen Einlass auf die angestrahlten Knochen- und Schädelreste verstorbener Pilger hinabsehen. Frei zugänglich ist die Stiftskirche mit ihren Buntglasfenstern und dem Bildnis der heiligen Jungfrau unter einem

Die heilige Jungfrau in der Stiftskirche von Roncesvalles

prächtigen Baldachin. *Tgl. 10–14, 15.30–17.30, im Sommer bis 19 Uhr*

ESSEN & TRINKEN

LA POSADA

Gepflegte Regionalküche direkt an der Hauptstraße. Zugang zum separaten Barbereich durch das Restaurant. *Tgl. | Tel. 948760225 | €–€€*

ÜBERNACHTEN

CASA DE LOS BENEFICIADOS Insider Tipp

Apartments für bis zu vier Personen, die in den weitläufigen Klosterbereich integriert sind. *23 Apartments | Tel. 948760105 | Fax 948760012 | www.casadebeneficiados.com | €*

CASA SABINA

Einfaches Hostal am Klosterkomplex, weitere Zimmer stehen in der nahen *La Posada* oder im Nachbarort Burguete zur Verfügung. *26 Zi. | Tel./Fax 948 76 00 12 | www.casasabina.es | €*

AUSKUNFT

Antiguo Molino | Tel./Fax 948 760301 | oit.roncesvalles@navarra.es

ZIEL IN DER UMGEBUNG

PUERTO DE IBAÑETA [121 D3]

Wichtigster Pilgerpass in den Pyrenäen (1057 m), zwei Straßenkilometer oder 25 bis 30 Wanderminuten (durch schattiges Waldgebiet) entfernt. An klaren Tagen hat man vom Panoramaparkplatz phantastische Blicke in die Bergwelt. Auf dem benachbarten grasgrünen Hügel erinnert das Rolandsdenkmal an die sagenumwobene Schlacht von Roncesvalles im Jahre 778 und ihren tragischen Helden Roland.

STRECKENVERLAUF

JAKOBSWEG BIS PAMPLONA [120 C3]

Auf den 45 Wander- bzw. knapp 50 Straßenkilometern bis Pamplona erwartet Landschaftsfans eine der schönsten Wegetappen. Natur pur –

bis auf den schäbigen Magnesitbetrieb zwischen Zubiri und Larrasoaña. Tourenradler und Motorisierte wählen die Landstraße, Mountainbiker folgen dem Wanderweg. *Camino* und Landstraße kreuzen sich mehrmals, so wie zu Beginn im pittoresken Bergort *Burguete* (baskisch *Auritz*) mit seinen trutzigen Steinhäusern. Mahlzeiten und Übernachtung im *Hotel Loizu* an der Ortsdurchfahrt *(27 Zi. | Avda. de Roncesvalles s/n | Tel. 948 76 00 08 | Fax 948 79 04 44 | www.hotelloizu.com | €)*. Auf dem *Erro-Pass* (801 m) steigt die Landstraße aus dem grünen Tal von Erro, der Wanderweg stößt ab Viscarret in einer weiten Schleife dazu. Hinter der Anhöhe fällt der *Camino* durch einsames Waldgebiet nach Zubiri ab, während für Autofahrer und Radler auf der kurvenreichen Straße höchste Vorsicht gilt. In *Zubiri* können Sie in der ⌇ *Hostería de Zubiri (10 Zi. | Avda. Roncesvalles 6 | Tel./Fax 948 30 43 29 | www.hosteriadezubiri.com | €)* übernachten und essen *(€€)*.

Weiter geht es von hier weit gehend flach auf der Straße bzw. in moderaten Aufs und Abs auf dem *Camino* weiter über Larrasoaña, am Monte Miravalles und der Kirche Trinidad de Arre (12. Jh.) vorbei und durch Villava und Burlada. Auf diesem letzten Stück wird der Río Arga zeitweise zum Begleiter, am Ende bieten sich schöne Blicke auf das Altstadtplateau von Pamplona.

PAMPLONA

 KARTE IN DER HINTEREN UMSCHLAGKLAPPE

[120 C3] An 356 Tagen im Jahr geht das Leben seinen geregelten Gang, doch ab dem 6. Juli gibt es neun Tage lang kein Halten mehr. Dann explodiert die Stadt und mutiert zum Freudenhaus. Dass bei der Mammutfiesta *San Fermín* ein Märtyrer aus römischen Zeiten Namenspate ist, interessiert inmitten der musikalisch-alkoholischen Dauerdröhnung kaum. Nüchtern betrachtet hat man es bei Pamplona mit der Hauptstadt Navarras (195 000 Ew., baskisch *Iruña* oder *Iruñea*) zu tun, die sich am Río Arga in einem weiten Becken der Vorpyrenäen breit macht. Pilger durchziehen hier die größte Stadt am Jakobsweg; die von wuchtigen Mauern umkränzte Altstadt zählt zu den stimmungsvollsten in Spaniens Norden.

MARCO POLO HIGHLIGHTS

⭐ **Murallas**
Einst Bollwerk, heute Attraktion: trutziger Mauerverbund um die Altstadt von Pamplona (Seite 43)

⭐ **Puente la Reina**
Romanisches Schmuckstück über den Río Arga (Seite 46)

⭐ **Monasterio Roncesvalles**
Augustinerkloster mit Kirche, Kostbarkeiten, Museum und Beinhaus (Seite 39)

⭐ **Kreuzgang der Kathedrale von Pamplona**
Ein gotisches Prachtwerk in Reinkultur (Seite 43)

PAMPLONA

■ SEHENSWERTES ■

AYUNTAMIENTO

Das Rathaus zeigt sich als barockes Schmuckstück mit verspielter Fassade, Löwen- und Herkulesfiguren demonstrieren städtische Macht. Hinter dem Rathaus führen Treppen hinab zur Markthalle, in Sichtweite liegt die Kirche *San Saturnino* mit Könige Navarras krönen ließen. Blickfang im Mittelschiff: das Alabastergrabmal mit den Liegendfiguren des Carlos III el Noble und seiner Gemahlin Leonor, 1413–19 von Jehan Lome de Tournai noch zu Lebzeiten des Herrschers gefertigt. Die Kathedrale ist nur während der Gottesdienste geöffnet, ansonsten wird

Reich verzierter Uhrengiebel am Rathaus von Pamplona

ihrem schlanken Wehrturm. *Plaza Consistorial*

CATEDRAL DE SANTA MARÍA

In der Kathedrale wirbeln Jahrhunderte und Baustile durcheinander. So steckt nicht das in ihr, was sich vermuten ließe. Klassizistisch außen, gotisch im Innern. Den Altarbereich beherrscht ein romanisches Bildnis der Jungfrau Maria, vor dem sich die man durch das gebührenpflichtige *Diözesanmuseum* geschleust. *Calle de la Dormitalería*

CIUDADELA

Frei zugängliche Zitadelle, die der Jakobsweg westlich der City streift, ehe er durch den Campus der berüchtigten Opus-Dei-Universität auf die Sierra del Perdón zuhält. Die ausgedehnten Grünanlagen der *ciudadela*

> www.marcopolo.de/jakobsweg

stehen bei Spaziergängern und Joggern hoch im Kurs, das Innere der mauerumzogenen Hauptanlage (16./17. Jh.) hat als Militärstützpunkt ausgedient und lockt regelmäßig Kunstfreunde an. Waffensaal *(sala de armas)* und Pulverlager *(polvorín)* dienen Ausstellungen und Installationen als Rahmen. *Mo–Sa 18.30–21, So 12–14 Uhr, Eingänge an der Avenida Ejército und der Vuelta del Castillo*

MURALLAS ⭐

Über die *Puente de la Magdalena,* wo sich einst ein Aussätzigenspital befand, ziehen die Pilger auf den gewaltigen Verbund der Stadtmauern *(murallas)* zu. Die Altstadt schluckt sie mit einem doppelten Zutritt aus Zugbrücke und dem *Portal de Francia.* Der schönste Ausblick ins Umland bietet sich vom ☘ *Redín-*Bollwerk. Hier können Sie ein wenig in der stimmungsvollen Freiluftbar *El Caballo Blanco* rasten, ehe Sie zum Mauerspaziergang an den Rückfassaden von Kathedrale und Erzbischofspalast aufbrechen.

Insider Tipp

MUSEUM DIOCESANO

Über das Diözesanmuseum bekommt man den mit Zutritt zum ⭐ *Kreuzgang der Kathedrale,* einem filigranen Meisterwerk der Gotik, 1280 bis 1375 erbaut. Vom Kreuzgang leitet die *Puerta del Amparo* ins Innere der Kathedrale. Im aufwändig restaurierten Speisesaal haben gotische Skulpturen aus längst verschwundenen Dorfkirchen eine letzte Bleibe gefunden. Ein Verbindungsstück führt in die alte Küche, aus der Kirchenleute und Pilger vormals verpflegt wurden;

sehenswert ist der 27 m hohe Rauchabzug. *Im Sommer Mo–Fr 10–19, Sa 10–14.30, sonst Mo–Fr 10–13.30, 16–19, Sa 10–13.30 Uhr | Calle de la Dormitalería*

Insider Tipp

PLAZA DEL CASTILLO

Historischer Hauptplatz mit zentralem Pavillon und dem *Palacio de Navarra* (Regierungssitz, 19. Jh.). Wer spanisches Leben genießen will, lässt sich in einem der ▶▶ Freiluftcafés nieder. Ab der Plaza Übergang zum *Paseo de Sarasate,* einer Flaniermeile mit der Wehrkirche *San Nicolás* und Pamplonas kleiner Freiheitsstatue: dem *Denkmal der Sonderrechte.*

■ ESSEN & TRINKEN ■

DOM LLUIS

Sehr beliebte Tapaskneipe; ein separater Aufgang führt ins angeschlossene Restaurant. Hier gibt es auch Abendmenüs. *So abends geschl. | Calle San Nicolás 1 | Tel. 948 221731 | €–€€*

IRUÑA

Klassiker mit dekorativem Interieur wie zu Zeiten Hemingways. Werktags gibt es ein ansprechendes Mittagsmenü, das im Gegensatz zu den Drinks auf der Terrasse nicht überteuert ist. *Tgl. | Plaza del Castillo 44 | Tel. 948 22 20 64 | €–€€*

JOSETXO

Seit Jahren verlässliche Erlebnisgastronomie in Pamplona. Gekonnt werden Traditionen und kreative Küche vereint. *So und im Aug. geschl. | Plaza Príncipe de Viana 1 | Tel. 948 22 20 97 | €€€*

MONTÓN

Typisch und einfach, stark von Einheimischen frequentiert. Werktags Mittagsmenüs gut und günstig. In derselben Straße stehen weitere Restaurants ähnlichen Standards zur Auswahl. *Mo geschl.* | *Calle Jarauta 29* | *Tel. 948 22 21 41* | €

■ EINKAUFEN ■

ANTIQUITÄTEN

Mehrere Altstadtläden, u. a. an der *Plaza de San José* neben der Kathedrale, in der *Calle Mayor* und in der *Calle del Carmen 30.*

VINOTECA MURILLO

Gute Weinauswahl für jeden Geldbeutel, vor allem Tropfen aus Navarra und La Rioja. *Calle San Miguel 16*

■ ÜBERNACHTEN ■

ALBRET

Drei-Sterne-Haus etwas außerhalb in einer Neubauzone nahe des Krankenhauses und dem Yamaguchi-Park. Solide ausgestattete Zimmer, Cafeteria. *106 Zi.* | *Ermitagaña 3* | *Tel. 948 17 22 33* | *Fax 948 17 83 84* | *www.hotelalbret.net* | €€

CAMPING EZCABA

Für Low-budget-Traveller während der Fiesta der einzig erschwingliche Schlafplatz, 7 km nördlich an der Nationalstraße Richtung Irún; mit Pool. *Ctra. de Irún* | *km 7* | *Eusa* | *Tel. 948 33 03 15* | *Fax 948 33 13 16* | *www.campingezcaba.com* | €

ESLAVA

Nahe Taconera-Park und Stadtmauerpromenade in einem ruhigen Teil der Altstadt. Recht unscheinbar, akzeptable Zwei-Sterne-Qualität, preisgünstig (Ausnahme: Fiesta im Juli). *28 Zi.* | *Plaza Virgen de la O 7* | *Tel. 948 22 22 70* | *Fax 948 22 51 57* | *www.hotel-eslava.com* | €

GRAN HOTEL LA PERLA

Komfort der obersten Kategorie am Hauptplatz. Das ehemalige Zimmer 217 ist als „Hemingway-Zimmer" ausgewiesen. *44 Zi.* | *Plaza del Castillo 1* | *Tel. 948 22 30 00* | *Fax 948 22 23 24* | *www.granhotellaperla.com* | €€€

MAISONNAVE

Etwa 200 m vom Rathaus entferntes Drei-Sterne-Hotel mit Gästepark-

> IM AUSNAHMEZUSTAND
Die Fiesta de San Fermín in Pamplona

Am Anfang steht der Böller *(chupinazo)* auf dem Rathausplatz: 6. Juli, 12 Uhr mittags. Am Ende, am 14. Juli um Mitternacht, erklingt das Abschiedslied. Dazwischen liegen 204 Stunden lokalen Ausnahmezustands, über die das Programmheft Aufschluss gibt: acht morgendliche *encierros* (Stiertreiben) und ebenso viele Stierkämpfe am frühen Abend in der Arena, Konzerte, baskischer Landsport, Feuerwerk, Umzüge mit Großkopfpuppen, riesiger Jahrmarkt an der Zitadelle. Der Wermutstropfen für Fiestafans: Die Hotelpreise steigen z. T. auf das Dreifache des Normalniveaus!

haus, Cafeteria, Restaurant, Sauna. Wegen des Ausblicks und der Ruhe sollten Sie ein Zimmer in den oberen Stockwerken wählen. *138 Zi. | Calle Nueva 20 | Tel. 948 22 26 00 | Fax 948 22 01 66 | www.hotelmaisonna ve.es | €€*

SARASATE

Einfache, saubere Pension in der Innenstadt, nur wenige Gehminuten zum Busbahnhof. *6 Zi. | Paseo de Sarasate 30 | Tel./Fax 948 22 30 84 | pensionsarasate@wana doo.es | €*

▮ FREIZEIT & SPORT ▮

Jogger nehmen den *Parque de la Taconera*, die *Zitadelle* und die Promenaden am Río Arga. Im *Frontón Labrit (Bajada de Labrit)* sind häufig Pelotamatches angesetzt.

▮ AM ABEND ▮

In den frequentiertesten Ausgehgassen ▸▸ *San Nicolás* und *San Gregorio* reiht sich eine Kneipe an die nächste. Theater und Konzerte im *Teatro Gayarre (Avda. Carlos III el Noble 1 | Tel. 948 22 01 39 | www.tea trogayarre.com)*, gelegentlich Rockkonzerte in der Stierkampfarena.

▮ AUSKUNFT ▮

Calle Eslava 1 | Tel. 848 42 04 20 | Fax 848 42 46 30 | www.turismo.na varra.es

▮ STRECKENVERLAUF ▮

JAKOBSWEG BIS ESTELLA   [120 B4]

Kurs West-Südwest auf die Windkrafträder der Sierra del Perdón zu – hinter Pamplona steuern Autofahrer den Bergzug mit seinen weißen Ungetümen über die gebührenfreie Au-

tobahn, Wanderer und Radler auf dem weit versetzt laufenden *Camino* an. Auf dem ✵ Grat erlaubt der Wanderpfad einen besonders schönen Blick zurück über das Becken, als Fotomotiv im Vordergrund drängt sich ein modernes Wegedenkmal mit windgebeugten Gestalten auf.

Mann in Fiestatracht im Restaurant Iruña in Pamplona

Die vom neuen Autobahntunnel perforierte *Sierra del Perdón* markiert den Übergang in den fruchtbaren Landstrich Valdizarbe mit Spargel- und Weinanbau. Zentrum ist das 24 km von Pamplona entfernte *Puente la Reina* (baskisch *Gares*, 3000 Ew.), Pflichtstation für alle Jakobsjünger, da sich hier *Camino Francés* und *Camino Aragonés* vereinen. Am Ortsrand zeigt ein kleines Jakobsmonument die Verschmelzung der Wege an, nahebei Unterkunft im 🔊 *Hotel Jakué (28 Zi. | Tel. 948 34 10 17 | Fax 948 34 11 20 | www.jakue.com | €).*

Hinter der Pilgerherberge beginnt der interessanteste Teil von Puente la Reina. Versäumen Sie zu Beginn nicht den Blick in die *Iglesia del Crucifijo*, das in Y-Form gehaltene Bildnis des gekreuzigten Christus sollen Pilger aus dem Rheinland im 14. Jh. auf Schultern hierhergetragen haben! Von der Kirche an zieht sich der Jakobsweg schnurgerade durch den historischen Ortskern (Fahrzeug abstellen), vorbei an der *Santiago-Kirche* mit ihrem maurisch inspirierten Portal, am Hauptplatz sowie einigen Tapasbars. Der *Camino* mündet auf die romanische Brücke ⭐ *Puente la Reina*, die sich in sechs steinernen Bögen über den Arga spannt

und Unmotorisierten vorbehalten bleibt. Der Aufgang ist schmal und uneben wie zu Gründerzeiten im 11. Jh. – faszinierend!

Auf den restlichen 20 km bis Estella folgt munteres Dorfhopping über Mañeru, Cirauqui, Lorca und Villatuerta. Wanderern bleibt der Auf- und Abstieg durch das wehrhaft wirkende *Cirauqui* im Gedächtnis: vom Dorfplatz durch einen Torbogen, dann abwärts über ein Stück Römertrasse. Für gedämpfte Freude sorgt die neue Autobahn Pamplona–Logroño. Autofahrer steuern Estella über die Ausfahrt Villatuerta an.

ESTELLA

[120 B4] Estella la Bella, „Estella die Schöne", nennt sich die im 11. Jh. begründete Stadt (baskisch Lizarra, 14 000 Ew.)

> BÜCHER & FILME
Schauplatz Jakobsweg in Wort und Bild

> **Abenteuer Jakobsweg** – Opulenter Bildband mit rund 270 Farbfotos. Specials drehen sich um Pilgerrituale, Herbergen, die schönsten Wegstellen und die Jakobsmuschel.

> **Stille Winkel auf dem Jakobsweg** – MARCO POLO Autor Andreas Drouve stellt besonders stimmungsvolle Wegstellen in Form von Essays vor.

> **Auf dem Jakobsweg** – Der Brasilianer Paulo Coelho erzählt von Abenteuern, Beschwernissen und spirituellen Prüfungen.

> **Tod auf dem Jakobsweg** – In der Gegenwart angesiedelter Krimi von Petra Oelker, die Lokalkolorit mit rätselhaften Unglücksfällen verbindet.

> **Iacobus** – Mittelalter-Schmöker der Spanierin Matilde Asensi: Spannung an Jakobsweg-Schauplätzen.

> **Ich bin dann mal weg** – Einblicke in die Befindlichkeiten des TV-Stars Hape Kerkeling auf dem Jakobsweg.

> **Die Milchstraße** – Meisterregisseur Luis Buñuel drehte diesen antiklerikalen Streifen um ein Landstreicherpaar unterwegs auf dem Jakobsweg bereits 1969 – ein Klassiker.

> **Saint Jacques – Pilgern auf Französisch** – Leiser, unterhaltsamer Wohlfühlfilm um drei zerstrittene Geschwister auf Pilgerschaft. „Made in France" von Regisseurin Coline Serreau; origineller Soundtrack.

am Río Ega. Der Beiname verdankt sich der monumentalen Pracht, denn viele der im Mittelalter dokumentierten 21 Kirchen haben die Stürme der Jahrhunderte überdauert. Hoch über der City verehren die Gläubigen die Schutzheilige Virgen del Puy in der bin zu den darunter hervorschauenden Fußspitzen der Apostel. Oberhalb der Kirche liegt die *Iglesia de Santa María Jus del Castillo*, ebenerdig zieht sich der *Camino* an der Flussbrücke und der Pilgerherberge vorbei. *Calle Curtidores*

Die malerische Brücke von Puente la Reina überspannt den Arga

gleichnamigen *Basilika*, jedes Jahr Anfang August steigt das große Patronatsfest.

■ SEHENSWERTES

IGLESIA DEL SANTO SEPULCRO
Nahe dem Ega einsam stehende Kirche (12.–14. Jh.) mit einem der interessantesten kleinen Portale am Jakobsweg. Die beeindruckende Bildhauerkunst spiegelt sich in den Details beim Letzten Abendmahl: von den Faltenwürfen des Tischtuchs

IGLESIA DE SAN MIGUEL
Erhöht gelegene Wehrkirche mit Mauerumlauf, der Ausblicke über die Stadt erlaubt und sich an der *Capilla de San Jorge* (Kapelle mit einer Skulptur von Drachentöter Georg) vorbeizieht. Das kostbare Skulpturenportal wird durch eine transparente Verkleidung geschützt; in den Spitzbögen tummeln sich Darstellungen von Musikanten, Propheten und Engel. *Oberhalb der Plaza de San Miguel*

IGLESIA DE SAN PEDRO DE LA RÚA

Wehrkirche mit hoch aufragendem , mächtigem Turm und einem maurisch angehauchten Hauptportal, auf das eine breite Freitreppe vom alten Königspalast zuläuft. Die Reste des quadratischen Kreuzgangs aus dem 12. Jh. beeindrucken mit fein bearbeiteten Kapitellen und den vier ineinander verdrehten Stützsäulen. *Die unregelmäßigen Öffnungszeiten (Kernzeiten: Di–Sa 11–12.30 und 16–20, So/Mo 17–20 Uhr) erfragen Sie am besten im unterhalb gelegenen Touristenbüro*

PALACIO DE LOS REYES DE NAVARRA

Romanischer Königspalast mit meisterhaften Kapitellen, die u.a. den Kampf zwischen Roland und dem Riesen Ferragut zeigen. Das Innere wurde in ein Museum mit Werken des baskischen Malers Gustavo de Maeztu (1887–1947) verwandelt. *Di–Sa 11–13, 17–19, So 11–13.30 Uhr | Calle San Nicolás*

PLAZA DE LOS FUEROS

Auf dem Hauptplatz in Estellas historischem Viertel laden Terrassencafés zu einer Rast, rundum gehen Geschäftsgassen ab. Die ältesten Bürgerhäuser datieren aus dem 18. Jh., einen Teil der Plaza nimmt die ausgangs des 12. Jhs. begonnene *Iglesia de San Juan* ein.

■ ESSEN & TRINKEN ■

NAVARRA

Regionale Spezialitäten, zu denen Spargel und Lamm gehören, geben den Geschmackston an. Das Tagesmenü steht auf hohem Preis- und Qualitätsniveau. *So abends und Mo geschl. | Gustavo de Maeztu 16 | Tel. 948 55 00 40 | €€*

■ ÜBERNACHTEN ■

PALACIO DE LA VEGA

In diesem neogotischen Palais 5 km südlich von Estella atmen Sie das Flair des 19. Jhs. Mit gediegenem Spezialitätenrestaurant. *9 Zi. | Dicas-*

Weinberge bei Villamayor de Monjardín

tillo | Tel. 948 52 70 00 | Fax 948
52 71 25 | *www.hotelpalaciodelave
ga.com* | €€

EL VOLANTE
Ansprechendes, sauberes Hostal.
Alle Zimmer mit Bad. *11 Zi.* | *Trave-
sía Merkatondoa 2* | *Tel. 948 55 39 57*
| *www.hostalelvolante.com* | €

▮ AUSKUNFT ▮
Calle San Nicolás, 1 | *Tel. 948 55
63 01* | *Fax 948 55 20 40* | *oit.estel
la@navarra.es*

▮ STRECKENVERLAUF ▮
JAKOBSWEG BIS LOGROÑO [120 A5]
Zu Beginn des 50-km-Abschnitts
Estella–Logroño liegen in Ayegui das
Kloster Irache und die Weinlager der
Bodegas Irache am Weg. Eine Kurio-
sität: die *Fuente de Vino*, die kosten-
lose „Weinquelle", aus der Sie im
Hahnumdrehen einen Schluck kosten
können. Manchmal haben die Vortrin-
ker den paradiesischen Quell jedoch
schon trocken gelegt! Hinter der Aus-
sicht auf den *vino* verblasst der Appe-
tit auf das seit 958 dokumentierte
Kloster, das bereits gegen Ende des
Mittelalters stark an Bedeutung verlor
(Mo/Di nachmittags geschl.).

Rebgärten und die Aussicht auf
die Kalksteinfelsen der Sierra de Ur-
basa begleiten Sie bis *Villamayor de
Monjardín*, wo die mittelalterlichen
Burgruinen hoch über dem Örtchen
thronen. Das von seiner Marienkir-
che geprägte *Los Arcos* ist als Zwischenstation beliebt, einfache Küche
und Unterkunft im *Hotel Mónaco (14
Zi.* | *Plaza del Coso* | *Tel. 948
64 00 00* | *Fax 948 64 08 72* | *www.
hotelmonaco.es* | €). Auf der Höhe

Insider Tipp

von Los Arcos lösen sich Landstraße
und Wanderpfad und halten in wohli-
gem Abseits auf Torres del Río und
Viana zu, am Wege wachsen Oliven-
und Mandelbäume. In *Torres del Río*
lohnt die achteckige romanische
Iglesia del Santo Sepulcro einen
Stopp, in *Viana* die kleine Altstadt
um die Kirche *Santa María*; vor dem
Gotteshaus erinnert eine Grabplatte
an den unrühmlich zu Tode gekom-
menen Cesare Borgia (1475–1507).
Zwischen Viana und Logroño liegen
nüchterne 9 km, Autofahrer wählen
bei der Gabelung kurz vor Logroño
die Rechtsvariante.

> KLÖSTER, WEIN UND KIRCHENHÜHNER

Die Durchzugsgebiete der Pilger sind von Rebgärten gesäumt,
die Schätze breit gestreut

> Spaniens kleinste Festlandsregion (5034 km²) überrascht selbst Kenner – nicht zuletzt mit den zahlreichen Weißstörchen, die sich zur wärmeren Jahreszeit auf Türmen und Kirchen niederlassen. In der Hauptstadt Logroño regiert die Ausgehlust, in Haro taucht man in Weinkellereien ein, der Jakobsweg zieht Pilger mit einzigartigen Geschichten in seinen Bann. So führte das „Grottenwunder" zum Bau des Klosters von Nájera, in Santo Domingo de la Calzada ist das „Hühnermirakel" unverändert in aller Munde. Die landschaftlichen Facetten spannen sich vom fruchtbaren Becken des Río Ebro bis zu den Höhenzügen der Sierra de la Demanda.

LOGROÑO

[120 A5] Sie gilt als graue Maus unter Spaniens Regionalhauptstädten (140 000 Ew.), und die Satellitenviertel lassen den

Bild: Santo Domingo de la Calzada

LA RIOJA

Ankömmling zunächst schwarz sehen. Doch bereits an der steinernen Pilgerbrücke über den Ebro erhellt sich der Eindruck! Aus der Altstadt schälen sich die Türme der Kathedrale heraus, in der Ausgehgasse *Calle del Laurel* lässt sich der Appetit in Fest- und Flüssigform stillen. Besonders erfreulich in Logroño ist das durchweg gute Preis-Leistungs-Verhältnis bei Kneipen, Restaurants und Unterkünften. Die City ist gut überschaubar, als Orientierungspunkte dienen der *Paseo del Espolón* und die arkadengesäumte *Calle de Portales*. Nahe dem Ebro zieht sich der Jakobsweg durch die Gassen Rúa Vieja und Barriocepo, vorbei an der *Iglesia de Santiago*, wo ein Außenrelief Jakobus als Maurentöter zeigt. Weitere nennenswerte Kirchen sind die *Iglesia de San Bartolomé* mit ihrem skulpturenreichen Portal und die *Iglesia de Santa María del Palacio* mit ihrem 45 m hohen Spitzturm, der im Volksmund „die Nadel" *(la aguja)* genannt wird. In der Reihe der Ausflugsziele stehen die südlich gelegene Felsenburg von Clavijo *(siehe „Mit Kindern reisen"),*

Felsenburg von Clavijo

die Weinstadt Haro und das mittelalterliche Laguardia ganz oben auf der Liste. In der Legendenbildung ist Clavijo ein Begriff, da der heilige Jakobus bei einer Schlacht Mitte des 9. Jhs. den Christentruppen im Kampf gegen die Muselmanen als „Maurentöter" *(Santiago Matamoros)* zu Hilfe eilte.

■ SEHENSWERTES ■

CATEDRAL SANTA MARÍA DE LA REDONDA

Kathedrale mit barocken Zwillingstürmen und einer wechselvollen Baugeschichte (15.–18. Jh.). Hallenkirche mit Seitenkapellen, schmiedeeisernen Gittern sowie dem Grabmal von General Baldomero Espartero (1793–1879). Das im Stil eines Retabels aufgezogene Hauptportal wendet sich der Plaza del Mercado zu, wo Sie in einem der Freiluftcafés entspannen können. *Kernöffnungszeiten: 8.30–13, 18.30–20 Uhr*

PASEO DEL ESPOLÓN

Der Paseo del Espolón ist eine Kombination aus Park und Prachtpromenade. In der Mitte bäumt sich das Reiterstandbild des Generals Espartero auf, am östlichen Ende liegt das Fremdenverkehrsamt. Bänke und Cafés laden zum Verweilen ein. Während des großen Weinlesefestes San Mateo (um den 20. Sept.) wird der Espolón mit Musik und Trachtentänzen zum Mittelpunkt.

■ ESSEN & TRINKEN ■

ENTREVINOS

Inside Tipp!

Ein unscheinbarer Eingang führt ins moderne Restaurant, das zu einer der besten Adressen in Logroño aufgestiegen ist. Als Vorspeise empfiehlt sich der Foie-gras-Salat mit Entenschinken, danach könnte das zarte Rinderfilet auf Blätterteigkartoffeln folgen. *Mo geschl. | Calle Juan Lobo 1 | Tel. 941 25 66 35 | €€–€€€*

EL REY DEL JAMÓN

Beim „Schinkenkönig", so der Name des Restaurants, dürfen schweinige

Sachen ebensowenig fehlen wie das Tagesmenü. *Im Winter Mo geschl.* | *Calle Portales 45 | Tel. 941263873* | €

■ ÜBERNACHTEN ■

CARLTON RIOJA ⤵

Modern und komfortabel. Lage im Herzen der Stadt, alles Wesentliche lässt sich zu Fuß erreichen. Für ein Vier-Sterne-Haus günstige Preise. *120 Zi. | Gran Vía del Rey D. Juan Carlos I 5 | Tel. 941242100 | Fax 941243502 | www.pretur.com* | €€

HERENCIA RIOJA ⤵

Gutes Haus aus der NH-Hotelkette, nur wenige Gehminuten von der Fußgängerzone entfernt. *83 Zi. | Marqués de Murrieta 14 | Tel. 941 210222 | Fax 941210206 | www.nh-hotels.com* | €€

LA NUMANTINA

Zentrales Hostal, alle Zimmer mit Bad. *17 Zi. | Calle Sagasta 4 | Tel. 941 25 14 11 | Fax 941 25 16 45* | €

■ AM ABEND ■

Treffpunkt ★ ▶▶ *Calle del Laurel:* Hier reiht sich Bar an Bar, gibt es Wein und Häppchen zu günstigen Preisen. Die Einheimischen schwö-ren auf ihre Kneipengasse, jede Bars fährt ihre eigenen Spezialitäten auf. Freitags und samstags ist es abends brechend voll!

■ AUSKUNFT ■

Paseo del Espolón | Tel. 902277200 | Fax 941291640 | www.lariojaturismo.com

■ ZIELE IN DER UMGEBUNG ■

HARO   [119 F4]

Riojanische Weinhauptstadt (10000 Ew.), umzogen von Rebgärten und Bodegas mit riesigen Fässerlagern. Weinkenner schwören auf das typische Miteinander aus Eichen- und Fruchtaroma, bei manchen Tropfen vermeint man sogar einen Anflug von sonnengereiften Beerenfrüchten zu filtrieren. In den alteingesessenen *Bodegas Muga* (Barrio de la Estación | Tel. 941306060 | www.bodegasmuga.com) gibt es meist Mo–Fr um 10 Uhr Führungen auf Englisch (unbedingt voranmelden per Telefon oder Mail!); bei Rundgängen bekommt man auch die hauseigene Fassmacherei zu Gesicht. In Haro bieten weitere Bodegas Führungen an, aktuelle Infos im *Touristenbüro* an der Plaza Monseñor Florentino

Insider Tipp

MARCO POLO HIGHLIGHTS

★ **Monasterio de Santa María la Real**
Königsgruft, Kreuzgang und Gedenken an das Grottenwunder in Nájera (Seite 55)

★ **San Millán de la Cogolla**
Suso und Yuso – ein Klosterdoppel als Weltkulturerbe (Seite 58)

★ **Catedral de Santo Domingo de la Calzada**
Hahn und Henne im Stall rufen im Gotteshaus das Hühnerwunder ins Gedächtnis (Seite 56)

★ **Calle del Laurel**
In dieser Straße in Logroño reiht sich eine Bar an die nächste (Seite 53)

Rodríguez *(Tel. 941 30 33 66 | www. haro.org/turis mo)*.

Haros Altstadt *La Herradura* konzentriert sich auf den Bereich um die Plaza de la Paz, Rathaus und Kirche Santo Tomás. Angesichts der Kneipenfülle braucht niemand die Dürre zu fürchten. Exzellente regionale Küche und stilvolle Unterkunft im Hotel pengeschmückten Häusern und den Arkaden an der Plaza Mayor. Ein Stockwerk tiefer warten dunkle, lange Gänge und Schätze in Flüssigform: Wein! Die Untergründe werden als Lager genutzt, der Wein entstammt dem rundum liegenden Anbaugebiet Rioja Alavesa. Grenzübergreifend mischt sich die Rioja mit

Rathausplatz von Haro, dem Zentrum der Weinregion La Rioja

🔊 *Los Agustinos*, einst ein Kloster der Augustiner *(62 Zi. | Calle San Agustín 2 | Tel. 941 31 13 08 | Fax 941 30 31 48 | www.hotellosagusti nos.es | €€)*. Ca. 45 km nordwestlich von Logroño

LAGUARDIA   [120 A4]
In seinen Vorzeigeansichten erstrahlt der mittelalterlich geprägte Ortskern mit mächtigen Stadtmauern, wap-

der baskischen Provinz Álava, zu der Laguardia (1500 Ew.) bereits gehört. Das *Touristenbüro (Plazuela de San Juan 1 | Tel./Fax 945 60 08 45 | www. laguardia-alava.com)* ist in der Altstadt im Palacio de Samaniego untergebracht; hier bewahrt man den Schlüssel zur *Iglesia de Santa María de los Reyes* auf und arrangiert Führungen *(meist Di–Fr 10.30–13.30, 16.30–18.30, Sa 10.30–13.30, 17.30

bis 18.30, So 10.30–13.30 Uhr). Die Kirche (12.–15. Jh.) erhebt sich am anderen Ende der Altstadt, ein nüchterner Vorbau versteckt den wahren Schatz: das bemalte gotische Steinportal mit beeindruckenden Skulpturen Mariens und der zwölf Apostel. Über den Ortskern verteilen sich einige Bars. Ein Weinlager in der Altstadt von Laguardia, das Sie besichtigen können, ist die kleine Bodega *El Fabulista (s. Kasten „Low Budget").* Ca. 2 km außerhalb liegen die **Bodegas Ysios,** die sich durch ihr spektakuläres Wellendachdesign des Stararchitekten Santiago Calatrava auszeichnen *(tgl. 2–3 Führungen nach Voranmeldung | Tel. 945 60 06 40 | www.domecqbodegas.com). Ca.15 km nordwestlich von Logroño*

Insider Tipp

■ STRECKENVERLAUF ■

JAKOBSWEG BIS SANTO DOMINGO DE LA CALZADA [119 E4–5]

Zweigeteilte Welt auf dem ersten Streckenstück der knapp 50 km langen Etappe: Motorisierte steigen auf der Stadtautobahn aus der Ebro-Senke auf, während Wanderer und Radler ein angenehmerer Abschnitt durch das Naturschutzgebiet *Parque de la Grajera* (mit Stausee) erwartet. Am Ende des Keramikortes *Navarrete* ziert das Portal des Klosterspitals San Juan de Acre heute den Friedhofseingang.

Mehr zu bieten hat die Kleinstadt *Nájera,* die auf eine mittelalterliche Vergangenheit als zeitweiliger Sitz der Könige Navarras zurückschaut. Das von kleinen Bars und Geschäften durchsetzte historische Viertel drängt von den Ufern des Río Najerilla auf ein rotes Sandsteinmassiv

zu, unmittelbar an den Fels angesetzt ist das ★ *Monasterio de Santa Maria la Real (Di–Sa 10–13, 16–17.30, So 10–12.30, 16–17.30 Uhr),* das seinen Ursprung im 11. Jh. hat. Die Anlage des einstigen Benediktinerklosters geht auf das berühmte „Grottenwunder" zurück, eine Geschichte um König García, der seinen Jagdfalken auf ein Rebhuhn losließ und die Vögel friedlich beieinander zu Füßen einer Marienskulptur in einer Grotte entdeckte. Die kleine Höhle hat sich erhalten und ist vom Innern des Klosterkirche aus betretbar. Vor dem Zugang reihen sich die Grabstätten diverser Könige, etwas abseits steht der ornamentierte Deckel des romanischen Sarkophags der Blanca de Navarra. Ebenfalls sehenswert sind der Kreuzgang (16. Jh.) und das Chorgestühl auf der Empore (15. Jh.). Infos im *Fremdenverkehrsamt (Plaza de San Miguel 10 | Tel./Fax 941 36 00 41 | www.najera.es)*. Unterkunft finden Sie im Hotel ᗡ *San Fernando (55 Zi. | Paseo San Julián 1 | Tel. 941 363700 | Fax 941363399 | www. emeieme.com | €)*, einem soliden Zwei-Sterne-Haus nahe dem Fluss; das *Restaurante Río* setzt auf schmackhafte Regionalkost *(So abends geschl. | €–€€)*.

Während sich die Landstraße in einem weiten Bogen aus Nájera verabschiedet, zieht sich der *Camino* direkt am Kloster vorbei durch ein schönes Waldstück. Vor *Azofra* läuft der steile Anstieg in üppigen Weingärten aus, später macht man aus weiter Ferne den hoch aufragenden Kathedralturm von *Santo Domingo de la Calzada* aus.

Insider Tipp

SANTO DOMINGO DE LA CALZADA

[119 E5] Den Namensgeber des freundlichen Städtchens (6000 Ew.) am Río Oja nannte man den „heiligen Dominikus von der gepflasterten Straße": *Santo Domingo de la Calzada*. Dominikus (1019–1109) stammte aus Viloria de Rioja und stellte sein Leben in den Dienst der Pilger. Im Gegenzug würdigten ihn Königshaus und Klerus mit einem Grabmal in der Kathedrale, Volkes Mund gab seinen entscheidenden Anteil am „Hühnerwunder" über die Generationen weiter. In der City ziehen die Pilger durch die für den Durchgangsverkehr gesperrte *Calle Mayor*.

■ SEHENSWERTES ■

CATEDRAL DE SANTO DOMINGO DE LA CALZADA ⭐

Gewaltiger Baukörper (12.–18. Jh.) mit separatem, 70 m hohem Glockenturm. Attraktion im Innern ist der verglaste Hühnerkäfig *(gallinero)* in einem Mauereinlass weit über Kopfhöhe. Das lebendige Federvieh, ein weißer Hahn und eine weiße Henne, erinnern an das Hühnermirakel, bei dem ein fälschlich des Diebstahls angeklagter Pilgerbursche an den Galgen gehängt wurde, aber überlebte. Unsichtbar geworden, stützte der heilige Domingo de la Calzada die Füße des Jungen mit seinen Schultern. Man trug die Kunde dem Landrichter zu, der gerade im Begriff war, ein Huhn und einen Hahn zu verspeisen. „Wenn die Geschichte wahr wäre", rief er höhnisch aus, „dann bekämen der Hahn und die Henne Flügel und flögen davon!" Und so geschah es ... Unterhalb des Hühnerkäfigs führt eine Treppe in die Krypta des Heiligen hinab. Ebenfalls sehenswert: die ältesten romanischen Bauteile um den Altar, das Renaissanceretabel sowie der auf Kreuzgang und Kapitelsaal verteilte Domschatz des Museums. Touristischer Zutritt zur Kathedrale durch das Museum *(Mo–Sa 9.30–13.30, 16 bis 18.30 Uhr)*; an Sonn- und Feiertagen ist die Kathedrale nur während der Gottesdienste zugänglich.

PLÄTZE

An die Kathedrale schließt sich die *Plaza de España* mit Arkaden und der barocken Rathausfront an. Um die *Plaza del Santo*, den Vorplatz des Kathedralturms, legen sich die gotische *Ermita de la Virgen de la Plaza* (mit dem Bildnis der Stadtpatronin) und das zum Parador umfunktionierte Pilgerspital.

■ ESSEN & TRINKEN ■

CASA MADARIAGA

In dem Lokal am Rathausplatz wird traditionelle riojanische Küche gebo-

■ ÜBERNACHTEN ■

EL CORREGIDOR

Es gibt ordentliche Zimmer, die Kathedrale ist nur ein paar Gehminuten entfernt. An der Untergrenze in dieser Preiskategorie. *32 Zi. | Calle Mayor 14 | Tel. 941 34 21 28 | Fax 941 34 21 15 | www.hotelelcorregidor.com | €€*

Prozession der Jungfrauen beim Patronatsfest in Santo Domingo

ten. Werktags gibt es ein günstiges Tagesmenü. *Plaza de España 7 | Tel. 941 34 01 30 | €–€€*

PARADOR DE SANTO DOMINGO DE LA CALZADA

Die gute regionale Küche des Restaurants im Parador lässt kaum Wünsche offen. Unbedingt reservieren! *Tgl. | Plaza del Santo 3 | Tel. 941 34 03 00 | €€€*

HOSPEDERÍA CISTERCIENSE

Nüchtern, aber recht günstig kommt man im Gästehaus der Zisterzienserinnen unter. *78 Zi. | Calle Pinar 2 | Tel. 941 34 07 00 | Fax 941 34 33 04 | www.cister-lacalzada.com | €*

PARADOR DE SANTO DOMINGO DE LA CALZADA 🔊

Wie sich die Zeiten wandeln! Statt Pilger mit Krätze nimmt das einstige

Spital aus dem Mittelalter heute Besucher mit Knete auf. Komfort und heimelige Salonatmosphäre, überall erinnern Schilder mit dem Hühnermotiv an das Hühnermirakel. Schöne Zimmer, je nach Wochentag und Ausrichtung zum Freiplatz nicht immer geräuscharm. *61 Zi. | Plaza del Santo, 3 | Tel. 941 34 03 00 | Fax 941 34 03 25 | www.parador.es | €€€*

■ AUSKUNFT ■

Calle Mayor, 70 | Tel. 941 34 12 30 | Fax 941 34 12 31 | www.riooja.org

■ ZIELE IN DER UMGEBUNG ■

CAÑAS [119 F5]

Das Zisterzienserinnenkloster *Santa María de San Salvador (Di–Sa 10.30–13.30, 16–19, So 11–13.30, 16–19, im Winter nur bis 18 Uhr)* wurde ab dem 12. Jh. in verschiedenen Etappen erbaut und drückt dem Ortsbild von Cañas den Stempel auf. Mit Stolz verweisen die Schwestern auf das Grabmal der Doña Urraca López de Haro, die im 13. Jh. verstorbene Tochter der Klosterstifter. Auch die lichtdurchflutete Kirche und das kleine Museum sind absolut sehenswert. *Knapp 15 km südöstlich von Santo Domingo de la Calzada*

SAN MILLÁN DE LA COGOLLA ⭐ [119 F5]

Es war einmal ein frommer Hirte, den das Schicksal zum wundertätigen Einsiedler erwachsen und ein biblisches Alter erreichen ließ. Er hieß San Millán de la Cogolla (473–574) und trat als Gründer des Gebirgsklosters Suso hervor, wo er auch beigesetzt wurde. Im Laufe der Jahrhunderte nahmen die Pilgerzüge zu Ehren des Heiligen überhand, sodass man ihm tiefer im Tal eine neue Grabstätte im Kloster Yuso gab. Der angrenzende Ort trägt seinen Namen, beide Klöster gehören zum Welterbe der Unesco. Hier entstanden die ältesten bekannten Aufzeichnungen in spanischer Sprache. Während *Suso (Di–So 10–13.30, 15.30–18.30, Okt. bis Ostern ab 9.30 Uhr)* seinen archaischen Charakter bewahrt hat, ist der romanische Ursprungsbau von *Yuso (Führungen Mai–Sept. Di–So 10.30–13.30, 16–18.30, sonst Di–So 10–13, 16–18 Uhr)* durch eine weitläufige Anlage aus dem 16.–18. Jh. ersetzt worden; ein Rundgang beinhaltet die Klosterkirche, den Kreuzgang, den Schatz und die Sakristei. Zum 1 km entfernten Suso können Sie durch den Wald wandern oder ei-

> SELTSAME TRADITIONEN
Geißler, Stelzentänzer und Wein

An Gründonnerstag und Karfreitag bürden sie sich eine besondere Art der Buße auf, peitschen sich bis zum blutigen Exzess: die Geißler von San Vicente de la Sonsierra, einem Örtchen südöstlich von Haro. Artistischen Traditionen hängen die Stelzentänzer von Anguiano nach, die am 22. Juli bei den *Fiestas de la Magdalena* durch den Ort wirbeln. Ganz im Zeichen des Weins stehen die *Fiestas de San Mateo* in Logroño, bei denen man am 21. September den erstgestampften Most des Jahres der Patronin Virgen de Valvanera darbringt.

Insider Tipp

nen Kleinbus nehmen, der im Eintrittspreis für Suso inbegriffen ist; wegen des Andrangs empfiehlt sich eine Reservierung der Besuchszeit *(Tel. 941 37 30 82 | www.monasterio deyuso.org)*. Auskunft am *Monasterio de Yuso (Plaza del Convento | Tel. 941 37 32 59 | sanmillan @lariojatu rismo.com)*.

In einen Teil des Klosterkomplexes integriert ist die exklusive *Hostería del Monasterio de San Millán (25 Zi. | Tel. 941 37 32 77 | Fax 941 37 32 66 | www.emeieme.com | €€€)*.

■ STRECKENVERLAUF ■

JAKOBSWEG BIS BURGOS   [118–119 C–D5]

Ca. 70 km trennen Santo Domingo de la Calzada von Burgos; der zweite Streckenteil verläuft bereits durch Kastilien-León. Der *Camino* kreuzt mehrfach die Landstraße und berührt abgelegenere Dörfer wie Grañón und Viloria de Rioja. Über Belorado geht es nach *Villafranca Montes de Oca* und ins Oca-Gebirge, das auf dem Pedraja-Pass 1150 m erreicht. Auf Höhe der *Ermita de Valdefuentes* zieht sich der auch für Radler geeignete Erdweg sechs flache und waldreiche Kilometer nach *San Juan de Ortega*. Motorisierte „Pilger" bleiben auf der N 120 Richtung Burgos und erreichen San Juan de Ortega über ein ausgeschildertes Zubringersträßchen. Der Abstecher in den Weiler lohnt sich. In der einstigen Klosterkirche sticht das prächtige *Mausoleum des heiligen Juan de Ortega* (1080–1163) hervor, der sich als Förderer des Jakobswegs verdient machte. Auf dem Kirchenvorplatz stärkt man sich in der ==urigen *Bar*==.

Kuppelsaal des Monasterio de Yuso

Hinter dem Dorf taucht der *Camino* in den Wald ein, während die Neben- an die Nationalstraße anbindet. Auf dem restlichen Stück Richtung Burgos passiert man die Gegend um Atapuerca, wo man Reste der frühesten bekannten Hominiden in Europa (800 000–1,2 Mio. Jahre) aufgespürt hat; der *Archäologische Park* ist mit Führungen zu besichtigen *(Anmeldung: Tel. 902 02 42 46 | www.visitas atapuerca.com | Start in Ibeas de Juarros)*. Jakobsweg und Straße nach *Burgos* hinein führen durch Gewerbegebiete und Häuserschluchten – doch die Altstadt wird Sie versöhnen!

Insider Tipp

> GRENZENLOS WEITES LAND

In der Meseta der Blick bis zum Horizont,
in den Städten himmelsstürmende Kathedralen

> **Castilla y León heißt „Burg und Löwe",
Symbolträger von Kraft und Macht. In Kastilien-León, mit 94 224 km² Spaniens
größte Autonome Gemeinschaft, zieht sich
der Jakobsweg durch die Provinzen Burgos, Palencia und León.**
Über weite Teile bestimmt die Meseta das Bild, wo die Extreme zwischen peitschenden Eiswinden und flirrender Sommerhitze schwanken. Steinige Ödländer wechseln sich mit Getreidefeldern ab, der Canal de Castilla sorgt für Bewässerung. Nicht selten dürstet es die Pilger nach Schatten, doch Wälder sucht man vergebens – Jakobus kennt keine Gnade. Die Strapazen sind groß, die seltsame Monotonie gibt Freiraum zur ersehnten inneren Einkehr. Für klerikale Pracht stehen die Kathedralen von Burgos und León, hinter Astorga stimmen Berg- und Talpassagen auf das gebirgsdurchsetzte Galicien ein.

Bild: Kreuzgang des Klosters Santo Domingo de Silos

KASTILIEN LEÓN

BURGOS

 KARTE IN DER HINTEREN UMSCHLAGKLAPPE

[118–119 C–D5] Graf Diego Porcelos legte 884 den Grundstein, das weitere Mittelalter brachte Wohlstand und Pilgerfluten – doch ein würdiges Aushängeschild fehlte noch. Die alte Kirche war zu klein, eine größere musste her. In weltlich-kirchlicher Eintracht machten König Fernando III el Santo und Bischof Mauricio 1221 den Weg frei für eine der imposantesten Glaubensburgen Europas: die Kathedrale, ein ergreifender Baukörper der Gotik, eine Symphonie in Stein.

Trotz der klimatischen Pegelausschläge zwischen Eiseskälte und Sommerglut wirkt Burgos (170 000 Ew.) alles andere als trist und karg. Überall steht das Grün vor Augen: am *Paseo del Espolón*, an den östlichen Flusspromenaden zwischen

Mächtiger Sakralbau mit filigranen Türmen: die Kathedrale von Burgos

City und der Naturlandschaft *Fuentes Blancas* sowie auf dem Burgberg mit dem *Parque del Castillo*.

SEHENSWERTES

CARTUJA DE MIRAFLORES

Das im 15. Jh. gegründete Kloster Miraflores wird nach wie vor von weltfremd entrückten Kartäusern bewohnt. Im 56 m langen Kirchenschiff befindet sich das prächtige Grabmal von König Johannes II. von Kastilien und seiner Frau Isabella, 1489–93 unter den Händen von Gil de Siloé aus Alabaster erwachsen. Das symbolträchtige Retabel zeigt den gekreuzigten Christus. Im Vorraum des Klosters werden ==Rosenkränze aus handgedrehten Rosenblättern== verkauft – kleine Kunstwerke der Mönche. Die Cartuja de Miraflores liegt rund 4 km östlich der Innenstadt und ist gut ausgeschildert. *Mo–Sa 10.15–15, 16–18, So 11–15, 16–18 Uhr*

Insider Tipp

CATEDRAL DE SANTA MARÍA ⭐

Ihre Traummaße lauten 84–108–61. Will heißen: 84 m Höhe bis zu den Spitzen der gotischen Turmhelme, 108 m Länge zwischen dem Santa-María-Portal und der Kapelle des Kronfeldherrnpaars, 61 m Breite zwischen dem südlichen Sarmental- und dem nördlichen Coronería-Portal. Highlights im überwältigenden Innern: das Hauptretabel mit dem Bildnis Mariens, die Vierungskuppel, das Grabmal des El Cid, das 103-sitzige Chorgestühl aus Nuss- und Buchsbaumholz und die „Vergoldete Treppe" *(Escalera Dorada)* des Diego de Siloé. Hoch über den Köpfen der Besucher schlägt die „Fliegenschnapper"-Uhr *(Papamoscas)*, der Eintritt in die Kapelle des Christus von Burgos bleibt Gottesdienstbesuchern und Betenden vorbehalten. Auf Säle und Kapellen rund um den Kreuzgang verteilt sich der Domschatz. *Ostern–Okt. tgl. 9.30 bis 19.30, sonst 10–19 Uhr | Plaza de Santa María*

IGLESIA DE SAN NICOLÁS DE BARI

Gotische Kirche mit einem überbordend verschnörkelten Steinretabel, einem einzigartigen Kunstwerk des Franz und Simon von Köln. *Juli bis Sept. Mo–Sa 9–14 und 16–20, sonst*

*Mo–Fr 11–14 und 18–19, Sa 9.30–14
und 17–19 Uhr | oberhalb der Plaza
de Santa María am Jakobsweg*

MONASTERIO DE LAS HUELGAS

Zisterzienserinnenkloster, Ende des
12. Jhs. von König Alfons VIII. und
seiner Frau Leonor de Inglaterra ge-
stiftet. Noch heute leben hier betagte
Schwestern. Das Kloster ist im Rahmen von Führungen zugänglich, die
in die Kirche, die beiden Kreuzgänge
sowie zu etlichen Sarkophagen lei-
ten. Ein Museumssaal zeigt wertvolle
Kleider und Grabbeigaben aus dem
Mittelalter. Das Kloster liegt am
westlichen Stadtrand und ist ausgeschildert. ==Mittwochs freier Eintritt
für EU-Bürger.== *Di–Sa 10–13 und
15.45–17.30, So 10.30–14 Uhr*

Insider Tipp

PASEO DEL ESPOLÓN

Flaniermeile parallel zum Río Arlan-
zón, mit Platanen und Skulpturen-
werk aufgelockert. Der *Paseo* dehnt
sich von der *Plaza del Cid* (Reiterstandbild des Cid) am Stadttheater
und Arkadendurchgang zur Plaza

Mayor vorbei bis zum *Arco de Santa
María*. In den Nischen von Burgos'
bekanntestem Stadttor sind illustre
Persönlichkeiten wie El Cid und
Stadtgründer Diego Porcelos in Stein
verewigt. ✺ Hinter dem Tor erwartet Sie ein atemberaubender Blick
auf die Kathedrale.

■ ESSEN & TRINKEN ■
EL 24 DE LA PALOMA

Gediegen und fein, Speiseplätze auch
auf der Empore, gute Weinauswahl.
Empfehlenswert das typisch kastili-
sche Menü und das Kostprobenmenü. Auf halbem Weg zwischen
Kathedrale und Plaza Mayor. *So
abends geschl. | Calle de la Paloma
24 | Tel. 947 20 86 08 | €€–€€€*

ESPOLÓN

Das Lokal liegt etwas zurückgesetzt
von der städtischen Prachtpromenade
hinter dem Stadttheater. Im Sommer
sind die Freilufterrassen angenehm,
immer empfehlenswert ist das Tages-
menü. *Tgl. | Paseo del Espolón 1 |
Tel. 947 27 99 76 | €€*

MARCO POLO HIGHLIGHTS

★ **Catedral de Santa María**
Kirchenprunk erster Güte:
die Kathedrale von Burgos
(Seite 62)

★ **Covarrubias**
Bilderbuchort mit Fachwerk
und trutzigen Mauern (Seite 65)

★ **Santo Domingo de Silos**
Herrliche Romanik im Kreuzgang,
gregorianische Gesänge in der Kirche
(Seite 66)

★ **Cruz de Ferro**
Steinhügel und Kreuz auf 1504 m Höhe,
ein ergreifender Pilgerstopp (Seite 74)

★ **Catedral de Santa María**
Kathedrale von León: Farbspiele
im Licht von 1800 m² Buntglasfenstern
(Seite 69)

★ **Panteón de los Reyes**
Das Pantheon der Könige in León:
biblische und agrarische Motive
auf Gewölben und Wänden (Seite 70)

MESÓN DE LOS INFANTES

Rustikaler Rahmen und deftige kastilische Spezialitäten wie Linsen *(lentejas)* und Eintopf *(olla podrida)*, außerdem gegrilltes Ferkel *(cochinillo asado)* und Milchlamm *(cordero lechal)*, sehr urig. Zugang durch eine Seitengasse neben dem Arco de Santa María. *Tgl. | Calle Corral de los Infantes s/n | Tel. 947 27 95 42 | €–€€*

TROL

In der typischen Restaurantzone der Einheimischen gelegen; die Bar bietet eine hervorragende Auswahl an leckeren Tapas. Das Tagesmenü im Restaurant ist gut und günstig. *Tgl. | Calle San Lorenzo 25 | Tel. 947 26 33 94 | €*

■ EINKAUFEN ■

Feinkostläden und Konditoreien in der Fußgängerzone um die *Calle de la Paloma* und deren Verlängerung *Calle de Laín Calvo*; bei *La Paloma (Calle de la Paloma 7)* Würste, Käse, Speck und Wein. Ein guter Herrenausstatter ist *Dinamarca*, Schwerpunkt liegt auf sportlich salopper Mode zu guten Preisen *(Ecke Calle Santander/Avenida del Cid Campeador)*.

■ ÜBERNACHTEN ■

ABBA BURGOS 🔊

Exzellentes Haus in Gehentfernung zur Kathedrale. Die Großzügigkeit des Foyers setzt sich bis in die Zimmer fort. *99 Zi. | Calle Fernán González 72 | Tel. 947 00 11 00 | Fax 947 00 11 01 | www.abbahoteles.com | €€€*

ACACIA

Zentral und doch etwas versteckt gelegenes Hostal nahe dem Pilgerweg über die Plaza de San Lesmes. Solide, günstige Preise. Zimmer mehrheitlich mit Bad. *20 Zi. | Calle Bernabé Pérez Ortiz 1 | Tel./Fax 947 20 51 34 | www.hostalacacia.com | €*

CAMPING FUENTES BLANCAS 🔊

Beliebter, von Grünanlagen und Wegen eingefasster Campingplatz der obersten Kategorie; wenige Kilometer außerhalb, östliche Stadtgrenze (ganzjährig). Unterkunft auch in kleinen Bungalows. *| Ctra. Burgos– Cartuja de Miraflores, km 3,5 | Fuentes Blancas | Tel./Fax 947 48 60 16 | www.campingburgos.com | €*

NORTE Y LONDRES

Mittelklassehaus, in dem man sich recht gut untergebracht fühlt. Zentral

> NATIONALHELD
El Cid, Kämpfer an allen Fronten

Eigentlich hieß er Rodrigo Díaz de Vivar, die Christen nannten ihn „den Kämpfer" *(el Campeador)*, die Muselmanen riefen ihn „Herr" *(sayyid)* – davon leitete sich der Name *El Cid* (1043–99) ab. Seine Verbannung aus dem Reich des kastilisch-leonesischen Königs Alfons VI. ließ ihn vorübergehend auf die maurische Seite überwechseln, am Ende kämpfte er wieder unter der Heimatflagge und eroberte schließlich Valencia. Zusammen mit seiner Gattin Jimena liegt er in der Kathedrale von Burgos begraben.

in der Altstadt, großes einladendes Foyer, Restaurant. *50 Zi. | Plaza Alonso Martínez 10 | Tel. 947 26 41 25 | Fax 947 27 73 75 | www.norteylondreshotel.com, | €€*

▀ FREIZEIT & SPORT ▀

Jogger finden ==angenehme Wegstrecken am Río Arlanzón== entlang, stadtauswärts Richtung *Cartuja de Miraflores* und Naturgebiet *Fuentes Blancas;* an der südlichen Flussseite verlaufen die Pfade durch gepflegte und zum Teil als botanische Gärten aufbereitete Grünanlagen.

▀ AM ABEND ▀

Populäre Kneipen mit reichlich *vino* und Häppchen im Bereich zwischen *Plaza Mayor* und *Calle de Laín Calvo.* Im *Teatro Principal* an der Plaza del Cid *(Tel. 947 28 88 73)* Theater und Konzerte.

▀ AUSKUNFT ▀

Plaza Rey San Fernando 2 | Tel. 947 28 88 74 | Fax 947 28 88 62 | www.aytoburgos.es; Büro für die Provinz Burgos: *Plaza Alonso Martínez 7 | Tel. 947 20 31 25 | Fax 947 27 65 29 | www.turismoburgos.org*

▀ ZIELE IN DER UMGEBUNG ▀

COVARRUBIAS ★   **[119 D6]**

Einer der urigsten Orte Nordspaniens, der sich wegen seiner mittelalterlichen Aufstände um den Grafen Fernán González „Wiege Kastiliens" nennt. Wehrmauern, Plätze, Fachwerkhäuser und die Brücke über den Río Arlanza komponieren besonders schöne Bilder. Die Stiftskirche *San Cosme y San Damián (Mo, Mi–Sa 10.30–14, 16–19, So 10.30–12, 16*

bis 19 Uhr) beherbergt zahlreiche Adelsgräber, im angeschlossenen *Museum* sind Skulpturen, Messgewänder und ein wertvoller Flügelaltar aus dem 16. Jh. zu sehen. Unterkunft finden Sie im Landhotel *Rey*

Fachwerkhaus in Covarrubias

Chindasvinto (14 Zi. | Plaza Rey Chindasvinto 5 | Tel. 947 40 65 60 | Fax 947 40 65 43 | hotelchindas@wanadoo.es | €) mit Cafeteria und Sommerterrasse, exzellente deftige Küche in der *Casa Galín* am Rathausvorplatz *(So abends und Di geschl. | Plaza Doña Urraca 4 | Tel. 947 40 65 52 | €).* Zum Stöbern laden ein paar kleine Trödelgeschäfte im Ortskern ein. Covarrubias liegt rund 40 km südöstlich von Burgos.

QUINTANILLA DE LAS VIÑAS [119 D5]

Wie ein Fliegenschiss klebt das knapp 30 km südöstlich von Burgos gelegene Dorf auf Landkarten, etwas außerhalb liegt das eigentliche Ziel: die *Ermita Visigótica*, ein Kirchlein

Mittelpunkt steht das *Benediktinerkloster* aus dem 11. Jh. *(So/Mo 16.30–18, Di–Sa 10–13, 16.30–18 Uhr | www.abadiadesilos.es)* mit einem herrlichen romanischen Kreuzgang. Auf den filigran gearbeiteten

Eine Burg wie aus dem Ritterbaukasten: das Kastell bei Olmillos de Sasamon

aus der Zeit der Westgoten. Der kleine Bau trägt 1300 Jahre Geschichte auf seinem Quadersteinbuckel; hochinteressant ist die <mark>Ornamentik innen und außen,</mark> darunter Weinranken und exotisch anmutende Tiere. *Mo/Di und jedes letzte Wochenende im Monat geschl., Öffnungszeiten nicht immer verlässlich*

Insider Tipp

SANTO DOMINGO DE SILOS ⭐ [119 D6]

Name eines wundertätigen Heiligen (um 1000–1073) und eines Örtchens 60 km südöstlich von Burgos. Im

Kapitellen tummeln sich Monstervögel und gefährliche Löwen. Der Rundgang führt in die alte Klosterapotheke und in einen Museumssaal mit sakraler Kunst. In der klassizistischen Kirche sind regelmäßig die berühmten gregorianischen Gesänge der Mönche zu hören, besonders schön die *vísperas* tgl. um 19 Uhr *(Ausnahme: im Sommer Do 20 Uhr)*. Über den Ortskern verteilen sich einige Bars und Restaurants; solide Unterkunft und Küche im verwinkelten *Hotel Santo Domingo de Silos*

(62 Zi. | Calle Santo Domingo s/n | Tel. 947390053 | Fax 947390052 | www.hotelsantodomingodesilos.com | €). Nahebei liegt die Klamm *La Yecla* (siehe „Mit Kindern reisen").

■ STRECKENVERLAUF ■

JAKOBSWEG BIS LEÓN [117 D–E5]

Meseta pur auf dem 200-km-Stück nach León. Was im Frühjahr noch grün und frisch wirken mag, verdorrt unter der Temperaturlast des Sommers zu Braun- und Ockertönen – und die Pilger stecken dauerhaft im Brutkasten. Ab Burgos verläuft der für Wanderer und Radler mit robustem Material geeignete *Camino* weit abseits der Landstraße N 120, erst auf Höhe des urigen Streckendorfes *Hontanas* finden beide wieder zusammen; Autofahrer nehmen auf dem Weg dorthin in *Olmillos de Sasamón* den Linksabzweig, vorbei am winzigen Kastell. Hinter Hontanas führen *Camino* und Straße deckungsgleich durch einen frei stehenden Kirchbogen des teils verfallenen *Klosters San Antón* – einer der kuriosesten Anblicke am Jakobsweg! Bald gerät *Castrojeriz* in Sicht, überragt von Burgruinen, die *Stiftskirche Virgen del Manzano* (interessantes Museum mit Skulpturen) im Vordergrund. Solide Unterkunft im Zwei-Sterne-Hotel *La Cachava* (8 Zi. | Calle Real de Orientes 93 | Tel. 947 378547 | Fax 947377601 | *www.la cachava.com* | €).

Castrojeriz zieht sich lang dahin, ehe sich der *Camino* von der Landstraße löst und weithin sichtbar über den Berg Mostelares ansteigt. Motorisierte und Radler halten sich in weiter Schleife um den Berg, bis beide Wege kurz vor der mittelalterlichen Flussbrücke über den Pisuerga wieder zusammentreffen; die kleine Kapelle am Weg wird heute als Pilgerherberge genutzt.

Auf der anderen Flussseite beginnt die Provinz Palencia, als nächst wichtiger Ort erwartet Sie *Boadilla del Camino* mit seinen lehmverkleideten Mauern. Das dörfliche Wahrzeichen erhebt sich vor der Asunción-Kirche und ist Nationalmonument: der *rollo de justicia*, ein spätgotischer Gerichtspfeiler, der einst als Pranger genutzt wurde. Bezeichnend für die Gegend sind Stor-

> ORIENTALISCHER GLANZ

Stilistische Brückenschläge zwischen den Kulturen

In manchen Kirchen am Wege kreuzen sich Abend- und Morgenland: in Form mozarabischer und mudéjarer Stilformen. Kennzeichen für den Stilmix sind Hufeisenbögen mit stark geschlossenem Radius, Sternenmuster, Steingitterfenster und Pflanzendekors aus Stuck. *Mozárabes* waren die unter islamischer Herrschaft lebenden Christen, die maurische Dekorationselemente in präromanische und romanische Kunst integrierten. Als *mudéjares* bezeichnete man die unter christlicher Herrschaft lebende Mauren, die als Künstler und Handwerker vielen gotischen Monumenten orientalischen Glanz verliehen. Erstaunlich, aber wahr – und im Ergebnis traumhaft schön!

chennester und Wasserkanäle, kurz vor *Frómista* kreuzen Sie den Canal de Castilla mit seinem sehenswerten Absturz in mehreren Stufen. Schmuckstück in Frómista ist die romanische Kirche *San Martín* mit ihren zylinderförmigen Türmen, den Rollenfriesen und über 300 Sparrenfiguren; im Gegensatz zur Außenansicht fällt das stark restaurierte Innere ab.

Motor- oder Muskelkraft trägt Sie weiter nach *Villalcázar de Sirga* mit der Templerkirche *Santa María la Blanca*, in der die Gläubigen ein Bildnis der „Weißen Jungfrau" verehren; von außen ist das Südportal mit seinen Skulpturen sehenswert. In Sichtweite der Kirche liegt der unscheinbare Flachbau des *Mesón Los Templarios* (tgl., nur mittags | Plaza Mayor | Tel. 979 88 80 22 | €€ – €€€), hier speisen Sie vorzüglich!

Insider Tipp

Auf *Carrión de los Condes* laufen Landstraße und der daneben aufgeschotterte Weg zu. Kunstfreunde wenden sich dem Portal der *Santiago-Kirche* und dem Renaissancekreuzgang des am Ortsausgang liegenden *Monasterio de San Zoilo* zu (dort gleichnamiges Hotel, *37 Zi. | Tel. 979 88 00 49 | Fax 979 88 10 90 | www.sanzoilo.com | €€*).

Vom Attraktionsgrad her dümpelt der Jakobsweg zwischen Carrión de las Condes und León in den Niederungen. Motorisierte begehen keine Sünde, wenn sie über den Santiago-Highway A 231 rauschen; allenfalls *Sahagún* (Klosterruinen, Backsteinkirchen) rechtfertigt einen Zwischenstopp. Am Ende der Jakobswegetappe tauchen die Kathedraltürme von *León* in einer weiten Senke auf.

LEÓN

KARTE IN DER HINTEREN UMSCHLAGKLAPPE

[117 D–E5] Ab 68 n. Chr. bissen sich die Römer mit einer Legion hier fest, im Mittelalter erwuchs die heutige Provinzhauptstadt am Río Bernesga zum Zentrum eines Königreiches. Jakobspilger fanden und finden in León (140 000 Ew.) einen der markantesten Durchzugspunkte, überragt von der doppeltürmigen Kathedrale in der Altstadt. Weitere Bauwerke ersten Ranges sind die Stiftskirche San Isidoro und der einstige Rittersitz San Marcos, während es rund um die Plaza de San Martín um kulinarisches und alkoholisches Erleben geht: im „Feuchten Viertel", dem *Barrio Húmedo*.

■ SEHENSWERTES ■

CALLE ANCHA

Der Bummel durch die Fußgängerzone gehört zum Muss. Startpunkt ist die *Plaza de San Marcelo* mit ihrer nebenliegenden Backsteinkirche (Reliquien des hl. Marcelo); ab dort hat man weitere prägnante Bauten im Blick: den mächtigen *Palacio de los Guzmanes* (16. Jh., heute Provinzverwaltung) und die vom berühmten Architekten Antoni Gaudí entworfene *Casa de Botines* (Ende 19. Jh.). Gaudí sitzt als Bronzefigur auf einer Bank vor seinem neugotisch verschnörkelten Werk, das heute ein Geldinstitut beherbergt; schräg gegenüber fließt die geschäftige Gasse La Rúa ab. Auch die *Calle Ancha* zeigt sich im weiteren Verlauf sehr lebhaft, am Ende erwartet Sie der Ausblick auf die mächtigen Türme der Kathedrale.

CATEDRAL DE SANTA MARÍA ⭐

Gotische Kathedrale mit ungleich hohen Türmen (68 und 65 m) und skulpturenreicher Hauptfassade, an der die Apostel und ein Bildnis der „Weißen Jungfrau" ebenso hervorstechen wie lodernde Höllenkessel. Im Innern erwartet Sie das atmosphärische Zusammenspiel von Stein und Glas: 1800 m^2 Buntglasfenster voller pflanzlicher und biblischer Motive. Der Altarraum wird von Teilen eines gotischen Flügelaltars beherrscht, im Umlauf liegt König Ordoño II. begraben. Das farbige Nordportal ist durch einen Vorbau geschützt, dahinter Eintritt in den Kreuzgang. Im *Kathedralmuseum (So, im Winter auch Sa nachmittags geschl.)* sind zahlreiche Skulpturen und Gemälde zu sehen. *Kathedrale Mo–Sa 8.30–13.30, 16–19 (im Sommer bis 20), So 8.30 bis 14.30, 17–19 (im Sommer bis 20) Uhr | www.catedraldeleon.org | Plaza de la Regla*

COLEGIATA DE SAN ISIDORO

In der romanischen Stiftskirche verehren die Gläubigen die Reliquien des Isidor von Sevilla (spanisch San Isidoro, um 560–636). In Außenansicht blickt man zu einer blutrünstigen Darstellung des Heiligen als „Maurentöter" auf, friedvoller sieht man ihn weiter unten „Lammportal" *(Puerta del Cordero)* als Bischof. Gleich gegenüber können Sie im Straßencafé *Boccalino* einkehren und die Fassade in Ruhe betrachten. *Plaza de San Isidoro*

HOSTAL SAN MARCOS

Im einstigen Stammhaus der Santiago-Ritter ist heute ein Parador un-tergebracht. Die breite, platereske Fassadenfront stammt aus dem 16. Jh.; auf der rechten Seite sind über dem Zugang zur Kirche steinerne Jakobsmuschelmotive zu sehen. Nahebei beginnen die Promenaden am Río

Buntglasfenster der Kathedrale von León

Bernesga, der Jakobsweg verläuft über die Flussbrücke und streift dahinter den freundlichen 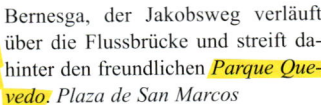 *Parque Quevedo*. *Plaza de San Marcos*

MUSEO DE SAN ISIDORO

Der Eingang neben der Stiftskirche San Isidoro gewährt den – verschlungenen – Zutritt zur „Sixtinischen Kapelle der romanischen Malerei". So nennt man das ★ *Panteón de los Reyes* („Pantheon der Könige"), in dem es heute weniger auf die Reste von Monarchen als auf die farbigen Wand- und Gewölbemalereien (12. Jh.) ankommt: Kindermord, das Letzte Abendmahl, der Pantokrator. In einen Bogen eingefasst ist ein Landwirtschaftskalender mit typischen Szenen aus zwölf Monaten, von der Ernte bis zur Schweineschlachtung. Ein Seitensaal des Kreuzgangs zeigt den kuriosen Turmhahn, der Museumsraum den ursprünglichen Reliquienschrein des heiligen Isidor von Sevilla. *Juli/Aug. Mo–Sa 9–20, So 9–14, sonst Mo–Sa 10–13.30, 16–18.30, So 10–13.30 Uhr | Plaza de San Isidoro*

■ ESSEN & TRINKEN ■
FORMELA

Gemütlicher Speiseraum im Keller, freundlicher Service, regionale Spezialiäten und eine gute Weinauswahl. Gehört zum Hotel *Quindós*, aber separater Eingang. *So geschl. | Gran Vía de San Marcos 38 | Tel. 987 236200 | €€*

INFANTAS DE LEÓN

Dieses Restaurant steht für angenehme Tafelfreuden und traditionelle, marktfrische Küche. Gutes Tagesmenü, So etwas teurer. Zugang zum gleichnamigen Hotel *(www.hotelinfantasdeleon.com)*. *Tgl. | Calle Antonio González de Lama 3 | Tel. 987272317 | €€*

EL TIZÓN

Verlässliche Adresse im „Feuchten Viertel", zur Auswahl stehen mehrere Menüs. Wenn es hier zu voll ist, werden Sie in einem der umliegenden Restaurants zu ähnlichen Preisen fündig. *So abends und Do geschl. | Calle Carnicerías 3 | Tel. 987 256049 | €–€€*

■ EINKAUFEN ■

Ein stimmungsvoller Wochenmarkt wird Mi und Sa *(ca. 8–14 Uhr)* auf der Plaza Mayor abgehalten; außerordentlich gut ist das Angebot an Käse, Wurst, Obst und Gemüse.

KASTILIEN-LEÓN

ÜBERNACHTEN

PARADOR DE SAN MARCOS 🔊

Historischer Fünf-Sterne-Klassiker unter Spaniens Spitzenhotels, großzügige Aufenthalts- und Speisebereiche. Wer jedoch Pech hat, bekommt im modernen Anbau ein rückwärtiges Zimmer mit Blick auf den Parkplatz – wählen Sie eines zur Flussseite hinaus! Exzellentes Restaurant (€€€). *242 Zi. | Plaza de San Marcos 7 | Tel. 987 23 73 00 | Fax 987 23 34 58 | www.parador.es | €€€*

QUINDÓS 🔊

Angenehmes Mittelklassehaus mit Schnörkeln moderner Kunst, günstige Lage zwischen Stadtkern und San Marcos. Devise: Je höher die Zimmeretage, desto besser! Preislich an der Untergrenze in dieser Kategorie. *96 Zi. | Gran Vía de San Marcos 38 | Tel. 987 23 62 00 | Fax 987 24 22 01 | www.hotelquindos.com | €€*

SAN MARTÍN 🔊

Einfaches *hostal*, zentral, auch Dreierzimmer. *11 Zi. | Plaza Torres de Omaña, 1 | Tel. 987 87 51 87 | Fax 987 87 52 49 | www.sanmartinhostales.com | €*

FREIZEIT & SPORT

Joggingfreunde kommen auf den *Promenaden* beidseits des Río Bernesga auf ihre Kosten: von der Brücke San Marcos bis auf die Höhe der Stierkampfarena.

AM ABEND

Für Nachtschwärmer gibt's nur eins: das ▶▶ „Feuchte Viertel" *(Barrio Húmedo)* im Dunstkreis um die *Plaza de San Martín*. Hier herrscht Leóns

Im prächtigen Hostal de San Marcos ist heute ein exklusiver Parador untergebracht

größte Kneipendichte. Zu den Bar-klassikern rund um den Platz zählt das *Nuevo Racimo de Oro*.

■ AUSKUNFT ■

Plaza de la Regla 3–4 | Tel. 987 237082 | Fax 987273391 | www.di puleon.es

Straße und *Camino* ins Becken des Río Tuerto ab, die Kathedrale von *Astorga* ist bald unübersehbar.

ASTORGA

[116 C5] Zu römischen Zeiten als Asturica Augusta bekannt, gibt sich das heutige

Mittelalterliche Steinbrücke über den Río Órbigo

■ STRECKENVERLAUF ■
JAKOBSWEG BIS ASTORGA   **[116 C5]**

Ca. 50 km sind es, die mit einem Anstieg zum modern ummantelten Marienheiligtum *Virgen del Camino* beginnen und fortan flach durch die Meseta verlaufen. *Camino* und Landstraße N 120 halten sich nahe beieinander, trennen sich jedoch nach 30 km kurz vor *Puente de Órbigo*. Dort spannt sich die mittelalterliche Pilgerbrücke in 20 Bögen über den Río Órbigo, im 15. Jh. Schauplatz von Ritterkämpfen. Für Motorisierte empfiehlt sich ein Abstecher dorthin. Im weiteren Etappenverlauf fallen

Astorga (14 000 Ew.) als angenehme Kleinstadt. Im Mittelalter schöpften die Pilger in über 20 Hospitälern Kraft, um den Anstieg zum *Cruz de Ferro* zu bewältigen. Vor der Kulisse der alten Stadtmauern erheben sich Kathedrale und Bischofspalast, das Herz der City schlägt um die freundliche Plaza Mayor. Der umliegende Landstrich heißt Maragatería.

■ SEHENSWERTES ■
CATEDRAL

Kathedralbau vom 15.–18. Jh. mit stilistischer Mixtur aus Spätgotik, Renaissance und Barock. An der

Hauptfassade interessantes Motiv der Kreuzabnahme Christi, im Innern gewaltiger Säulenwald und Hauptretabel von Gaspar Becerra aus dem 16. Jh. *Öffnungszeiten wechselnd, meist tgl. 9/9.30–12, 17–18.30 Uhr | Plaza de la Catedral*

MUSEO DE LOS CAMINOS

Jakobswegemuseum mit mittelalterlichen Marienskulpturen sowie archäologischen Resten im Unter- und zeitgenössischer Regionalkunst im Obergeschoss. Interessanter architektonischer Rahmen, denn das Museum ist in einem herrlich verrückten Gebäude von Antoni Gaudí untergebracht, das 1889–1913 als Bischofspalast erbaut, aber niemals als solcher genutzt wurde. *Im Sommer Di bis Sa 10–14, 16–20, So 10–14, sonst Di–Sa 11–14, 16–18, So 11–14 Uhr | Plaza de Eduardo de Castro*

MUSEO CATEDRALICIO

Weitläufiges Kathedralmuseum mit kostbaren Schmuckarbeiten und Skulpturen. Empfehlenswert das preisreduzierte Kombiticket, das auch für das *Museo de los Caminos* (s.o.) gilt. *Tgl. 11–14, 15.30–18.30, im Sommer tgl. 10–14, 16–20 Uhr | Plaza de la Catedral*

sider tipp

MUSEO DEL CHOCOLATE

Kleines Schokoladenmuseum, das an die hiesige Produktion im 18./19. Jh. erinnert. *Di–Sa 10.30–14, 16.30–19, So 11–14 Uhr | Calle José María Goy*

ESSEN & TRINKEN

LA PESETA

Eine Institution der Stadt, bekannt für deftige Regionalküche. *So abends und Di abends geschl. | Plaza de San Bartolomé 3 | Tel. 987 61 72 75 | €€*

EINKAUFEN

Über die kleine City, u.a. *Plaza de Eduardo de Castro*, verteilen sich viele Süßwarengeschäfte *(confiterías)*. Hier bekommen Sie Schmalzplätzchen *(mantecadas)* und Blätterteiggebäck *(hojaldres)* en masse.

ÜBERNACHTEN

ASTURPLAZA

Solides Drei-Sterne-Haus im Herzen der Stadt, alles ist zu Fuß erreichbar. *37 Zi. | Plaza de España 2–3 | Tel. 987 61 89 00 | Fax 987 61 89 49 | www.asturplaza.com | €€*

>LOW BUDGET

> Kunstfreunde zieht es in León ins Museum für zeitgenössische Kunst. Der Eintritt ist frei. *Museo de Arte Contemporáneo | Di–So 10–15, 16–21 Uhr | Av. de los Reyes Leoneses 24 | http://musac.es*

> Freundliche Tradition für Bier- und Weintrinker in den Kneipen von León: Oftmals werden Gratistapas zum Getränk gestellt.

> Am Pilgerweg durch Burgos liegt das einstige *Monasterio de San Juan,* das heute ein Kunstmuseum mit Werken des Malers Marceliano Santa María (1866–1952) beherbergt. Der Eintritt ist frei. *Di–Sa 11–14, 17–21, So 11–14 Uhr | Plaza de San Lesmes*

> Günstige Bleibe in Castrojeriz: *Camping Camino de Santiago | 50 Parzellen | Mitte Nov.–Mitte März geschl. | Tel. 947 37 72 55 | www.camping camino.com*

PONFERRADA

◼ AUSKUNFT

Plaza de Eduardo de Castro 5 | Tel. 987 61 82 22 | Fax 987 60 30 65 | www.astorga.com

Markantes Etappenziel: das Cruz de Ferro

◼ STRECKENVERLAUF

JAKOBSWEG BIS PONFERRADA [116 B5]

In Astorga löst sich ein traumhaftes Nebensträßchen, an dem Wanderer in Richtung Berge entlanggehen. Das rote Bilderbuchdorf *Castrillo de los Polvazáres* ist für den Durchgangsverkehr gesperrt. Motorisierte stellen ihr Vehikel am Ortsrand ab, der Spaziergang auf dem holprigen Pflaster ist ein Erlebnis, gute Küche und nette

Unterkunft im Landhotel *Cuca la Vaina* (7 Zi. | Calle Jardín | Tel./Fax 987 69 10 78 | www.cucalavaina.com | €). Ginster- und Heidelandschaft begleitet Sie über *Rabanal del Camino* nach *Foncebadón*, wo Wanderer den halb verfallenen Ort durchmessen. *Camino* und Straße fließen vor dem ⭐ 🌿 *Cruz de Ferro* zusammen, dem 1504 m hohen „Eisernen Kreuz". Der Kreuzaufsatz ragt aus einem Stamm, der seinerseits in einem Steinhügel verankert ist. Hier legt jeder Pilger einen symbolischen Sünden- oder Sorgenstein ab, viele haben ihn von daheim mitgebracht. Auf der Höhe gibt es einen kleinen Picknickplatz.

Rundum breiten sich phantastische Gebirgskulissen aus; bald geht es abwärts nach *Ponferrada*. Radler halten sich auf der Straße, immer wieder stößt der steinige Wanderpfad zu: ob im pittoresken Steindorf *El Acebo* oder im Brückenort *Molinaseca*, wo Sie sich in einer der Bars niederlassen oder die Füße in den kühlen Río Meruelo hängen können. Das Reststück bis Ponferrada verläuft weitgehend flach; Distanz Astorga–Ponferrada ca. 55 km.

Inside Tip

PONFERRADA

[116 B5] Seit Römerzeiten breitet sich die heutige Industriestadt Ponferrada (64 000 Ew.) an den Flüssen Boeza und Sil aus. Abstoßend moderne Gewerbe- und Wohngebiete stehen im Kontrast zur Altstadt zwischen Rathausplatz und Burg. Dazwischen liegen die malerische *Calle del Reloj* und die *Basílica de la Encina*, eine Renaissancekirche zu Ehren der städtischen Patronin.

SEHENSWERTES

CASTILLO DE LOS TEMPLARIOS ☼

Das Wahrzeichen der Stadt liegt auf einem Felsplateau hoch über dem Einschnitt des Río Sil. Die Templerburg aus dem 12./13. Jh. ist leider chronisch renovierungsbedürftig. Sonntags ist der Eintritt auf die Festung frei. *Wechselnde Öffnungszeiten, im Regelfall Di–Sa 10.30–14, 16–19, So 11–14 Uhr | Calle Gil y Carrasco*

Insider Tipp

MUSEO DEL FERROCARRIL

Eisenbahnmuseum mit interessanten Oldtimern des Schienenverkehrs in großer Halle. *Di–Sa 11–14, 16–19 (im Sommer 17–20.30), So 11–14 Uhr | Calle Vía Nueva*

ESSEN & TRINKEN

LA FONDA

Insider Tipp

Geheimtipp der Einheimischen für Spitzenhausmannskost, Tagesmenü, auf der Gegenseite des Rathauses gelegen. *So abends und Mo geschl., Plaza del Ayuntamiento 10 | Tel. 987 42 57 94 | €*

ÜBERNACHTEN

AC PONFERRADA 📶

Insider Tipp

Hotel mit geräumigen Zimmern. Freundlicher Service, kostenlose Minibar mit nichtalkoholischen Getränken. *60 Zi. | Avda. Astorga 3 | Tel. 987 40 99 73 | Fax 987 40 99 74 | www.ac-hotels.com | €€*

VIRGEN DE LA ENCINA

Freundliches, gut ausstaffiertes Hostal. Alle Zimmer mit Bad. Cafeteria. *13 Zi. | Calle Comendador 4 | Tel. 987 40 96 32 | Fax 987 40 96 86 | www.hostallaencina.com | €*

AUSKUNFT

Calle Gil y Carrasco 4 | Tel. 987 42 42 36 | www.ponferrada.org

ZIEL IN DER UMGEBUNG

LAS MÉDULAS [116 A5]

Goldminenlandschaft aus der Römerzeit, von der Unesco zum Welterbe erhoben. Im eigenen Fahrzeug Auffahrt bis zum ☼ Aussichtspunkt *Orellán* mit tollem Panorama der bizarren Berge. Ab dem tiefer gelegenen Ort *Las Médulas* können Sie das Areal zu Fuß durchstreifen *(www.fundacionlasmedulas.com). 25 km südwestlich von Ponferrada*

STRECKENVERLAUF

JAKOBSWEG BIS O CEBREIRO [116 A4]

Kirschen und Wein aus dem Bierzo werden von Kennern geschätzt. Durch dieses Gebiet führen *Camino* und Landstraße über Cacabelos nach *Villafranca del Bierzo*, wo sich eine nette Altstadt auftut und erkrankte Pilger am „Vergebungsportal" der romanischen *Santiago-Kirche* einst ihren Ablass erhielten. Unterkunft am Ortsrand im *Parador (39 Zi. | Avda. Calvo Sotelo 28 | Tel. 987 54 01 75 | Fax 987 54 00 10 | villafranca@parador.es | €€€);* dem Haus ist ein sehr gutes Restaurant angeschlossen. Hinter Villafranca quälen sich Wanderer und Radler durch das stark befahrene Tal des Río Valcarce; hinter Ambasmestas wird es auf dem Anstieg zum Cebreiro-Pass ruhiger. Motorisierte können ein Stück Autobahn über moderne Brücken hinter sich bringen, kurz vor dem ausgeschilderten Abzweig nach O Cebreiro beginnt Galicien; Distanz Ponferrada–O Cebreiro 50 km, auf der Straße etwas mehr.

Insider Tipp

> GRÜNE HÜGEL UND GELOBTES PILGERZIEL

Kühe auf weiten Weiden, der Duft von Eukalyptus – und am Ende über den „Berg der Freude" nach Santiago de Compostela

> Alle Wege führen nach Santiago, der Kilometerstein in O Cebreiro weist die letzten 151 km auf dem *Camino* aus. Das grüne Wunderland *Galicia* (29 574 km²) empfängt Sie mit seiner eigenen Sprache, dem *galego*, und landwirtschaftlich geprägten Gegenden, denen erstklassige Milchprodukte entstammen.

Berge und Hügel ebnen den Weg durch die Provinzen Lugo und A Coruña nach Galiciens Hauptstadt Santiago de Compostela, dem Endziel aller Pilgerträume. Auf Dorfidyllen und Bergesstille folgt Wallfahrtstrubel in einer der schönsten Altstädte Spaniens.

O CEBREIRO

[115 F5] ★ **Es grünt so grün in und um O Cebreiro (300 Ew.) herum. Das 1300 m hoch gelegene Steindorf, als Tor nach Galicien in aller Pilgermunde und seit den Frühzeiten der Santiagowallfahr-**

Bild: Berglandschaft bei O Cebreiro

GALICIEN

ten als Spitalstation dokumentiert, erlaubt Fernblicke auf die Gebirgszüge Courel und Ancares. Vorausgesetzt natürlich, das unbeständige Wetter spielt mit. Als einmal dichtes Schneetreiben herrschte und sich ein frommer Bauer nach langem Weg durch klirrende Kälte zur Messe einfand, so will es die Legende um das eucharistische Wunder, stieß er in der Kirche auf einen unwirschen Zelebranten. Dieser schien weniger glaubensstark als der Landwirt und schenkte ihm nichts weiter als Verachtung. Die göttliche Strafe ließ nicht auf sich warten, die Hostie verwandelte sich in rohes Fleisch und der Wein im Kelch in Blut.

Das Ortsbild setzt sich als Mosaik aus Stein zusammen und besteht aus einigen wenigen Straßenzügen. Am Ortsrandparkplatz zeigt eine **interessante Schautafel** das europaweite Netz der Jakobswege.

Insider Tipp

O CEBREIRO

■ SEHENSWERTES ■

IGLESIA

Die Ursprünge der präromanische Kirche mit ihrem gedrungenen Steinturm reichen bis ins 9. Jh. zurück. Sehenswert ist eine romanische Marienskulptur. Das Gotteshaus war

■ ESSEN & TRINKEN ■

MORENO

Lokal mit rustikalem Speisesaal, im selben Raum befindet sich auch die Bar. Gutes Tagesmenü, diverse Portionen. *Mo geschl. | in der Ortsmitte | Tel. 982 18 12 57 |* €

Überall Jakobsmuscheln: Monasterio de San Julián y San Basilisa in Samos

Schauplatz des eucharistischen Wunders, an das ein Ende des 15. Jhs. von den katholischen Königen gestifteter Schrein mit Kelch und Hostienteller erinnert. *Tagsüber meist durchgehend geöffnet*

PALLOZAS

Die stillen Wahrzeichen von O Cebreiro: wiederaufgebaute Keltenhäuser mit runder Bruchsteinbasis und Strohdach. Eine der *pallozas* ist als winziges Volkskundemuseum hergerichtet, eine andere als Touristenshop mit süßen Sachen und gesalzenen Preisen.

■ ÜBERNACHTEN ■

SAN GIRALDO DE AURILLAC

Herbergstraditionen gestern und heute: einst Pilgerspital, nun einfaches *hostal*. Ganzjährig geöffnet. *6 Zi. | neben der Kirche | Tel. 982 36 71 25 | Fax 982 36 70 15 | www.ho telcebreiro.com |* €

■ STRECKENVERLAUF ■

JAKOBSWEG BIS SARRIA   [115 E4]

Westlich von O Cebreiro atmen Sie klare Höhenluft ein, die ❋ Gebirgspanoramen sind phantastisch. Zu Beginn des 40-km-Stücks halten sich *Camino* und Straße eng beieinander,

Wanderer laufen mitunter über den Asphalt. Auf dem 1270 m hohen *Alto de San Roque* begegnet Ihnen Pestpatron Rochus als übermannshohe Pilgerskulptur. Rundum erstrahlt Galicien weiter in Grün, Ginstersträucher setzen Farbnuancen in Gelb. Hinter *Fonfría* stürzt die Straße ins Tal von Triacastela und verlangt Autofahrern und Radlern hohe Konzentration ab, während Wanderer **eine der schönsten Wegpassagen Galiciens** in Ruhe genießen können: ländlich, dörflich, einsam und mit ☀ guten Aussichtspunkten. In der lang gestreckten Gassenschneise *Triacastelas* steht die Kühle, zu einer Rast animiert das *Río (tgl. | Calle Cadórniga Carro | Tel. 982 54 81 33 | €)* mit preisgünstigem Tagesmenü und netten Plätzchen im Innenhof. Wichtigster Bau in Triacastela ist die *Jakobuskirche,* die man über den Friedhof betritt. Im Hauptaltar ist ein interessantes Bildnis von Jakobus in Pilgerpose zu sehen. Abends findet häufig eine speziell auf Pilger zugeschnittene Messe statt.

Hinter Triacastela haben Wanderer die Wahl zwischen zwei Varianten: über San Xil oder Samos. Motorisierte und Radler wählen ohnehin die Samos-Strecke. Und das ist gut so, denn das *Monasterio de San Julián y Santa Basilisa (Führungen Mo–Sa 10–13, 16.30–19, So 12.45–13.30, 16.30–19 Uhr | www.abadiadesamos.com)* ist eine der letzten Sehenswürdigkeiten vor Santiago. Obgleich als eines der ältesten Klöster Spaniens mit Wurzeln im 6. Jh. dokumentiert, stammt die heutige Baustruktur mehrheitlich aus dem 16. bis 18. Jh.; heute sind noch rund 15 Benediktiner zugegen. Der größere Kreuzgang ist nach *Fray Benito Jerónimo Feijoo* benannt, einem Gelehrten des 18. Jhs. Im kleineren Kreuzgang, dem *Claustro de las Nereidas,* umgibt den **Nymphenbrunnen** mit seinen leidlich bekleideten Steindamen eine besondere Aura. In *Samos* haben Sie für die wohlverdiente Pause die Wahl zwischen einigen Bars, dahinter wellt sich die Straße weiter nach Sarria.

SARRIA

[115 E4] **Geschäftige Kleinstadt (13 000 Ew.), in der die nüchternen Neubauzonen im Unter- und die historisch interessanten Spuren vornehmlich im Oberbereich liegen.** Auf dem Altstadthügel sind noch

MARCO POLO HIGHLIGHTS

★ **Catedral de Santiago de Compostela**
Riten, Kunst und Pilger in der Kathedrale (Seite 82)

★ **Ría de Arousa**
Meeresarm mit Inselwelten und reichlich Meeresgetier (Seite 87)

★ **O Cebreiro**
Grünes Umland und ein uriger Ortskern prägen das Eingangstor nach Galicien (Seite 76)

★ **Murallas de Lugo**
Über 2 km lang und auf breiter Trasse komplett begehbar: die Stadtmauer von Lugo (Seite 80)

spärliche Burgreste erhalten, die Kirchenkultur zeigt sich in Form der romanischen *Iglesia de San Salvador* und der *Iglesia de Santa Marina*. Am Kloster *Santa Magdalena* dominiert der platereske Stil.

ESSEN & TRINKEN

Insider Tipp

MESÓN CAMIÑO FRANCÉS

Deftige galicische Küche, ordentliche Preise, Tagesmenü. *Im Winter So geschl., sonst tgl. | Rúa Maior 19 | Tel. 982 53 23 51 | €*

ÜBERNACHTEN

ALFONSO IX

Größtes und bestes Hotel in Sarria; ideal für Autofahrer: Parkplatz direkt vorm Haus. Geräumige Zimmer, im Eingangsbereich Cafeteria. *60 Zi. | Rúa do Peregrino 29 | Tel. 982 53 00 05 | Fax 982 53 12 61 | www.nh-hotels.com | €€*

ZIEL IN DER UMGEBUNG

LUGO [115 E3]

Einmal ihren Mauermantel umrunden, einmal auf ihrem Hauptplatz sitzen – die Provinzhauptstadt Lugo (90 000 Ew.) zählt zu den versteckten Schönheiten im Land. Wer sich durch die wenig erbaulichen Außenbezirke gekämpft hat, wird über alle Maßen mit den ★ *Murallas de Lugo* belohnt: Stadtmauern aus der Römerzeit, die sich in einer Länge von 2,1 km um den Altstadtkern legen und hoch oben für Fußgänger begehbar sind. Merken Sie sich gut Ihre Stelle des Einstiegs, denn Tore und Vorbauten gleichen sich mitunter wie ein Ei dem andern! Guter Orientierungspunkt ist die in Sichtweite der Mauern gelegene *Catedral de Santa María*, dahinter verästeln sich die Gassen bis zur *Praza Maior* (dort auch *Oficina de Turismo | Tel. 982 23 13 61 | www.lugo.es*). Angenehme Unterkunft bietet das *Gran Hotel Lugo (167 Zi. | Avda. Ramón Ferreiro 21 | Tel. 982 22 41 52 | Fax 982 24 16 60 | www.gh-hoteles.com | €€€ | mitunter günstige Tarife bei Online-Buchung).*

STRECKENVERLAUF

JAKOBSWEG BIS SANTIAGO DE COMPOSTELA [114 B–C4]

Zwischen Sarria und Santiago liegen ca. 110 km, auf der Straße ist die Strecke etwas länger. Hinter Sarria tastet sich die Landstraße C 535 in

> STEINERNE WAHRZEICHEN

Vom Wegkreuz bis zum Speicherbau

Über Galicien liegen steinerne Wahrzeichen in allen Arten und Größen ausgestreut: ob Seelen- oder Heiligennischen (*petos de ánimas*), Wegkreuze (*cruceiros*) oder trutzige Adelshäuser (*pazos*). Wegbegleiter auf dem Lande bleiben Speicherbauten (*hórreos*), die auf Säulen und zentimetergenau dazwischengeschobenen Rundplatten ruhen. Auch die Winkel der Belüftungsschlitze sind genau berechnet. So haben Mäuse keine Chance, Maiskolben oder andere Vorräte anzuknabbern. Hórreos bestehen häufig aus Granit und tragen auf dem Dach Kreuz- oder Fruchtbarkeitssymbole.

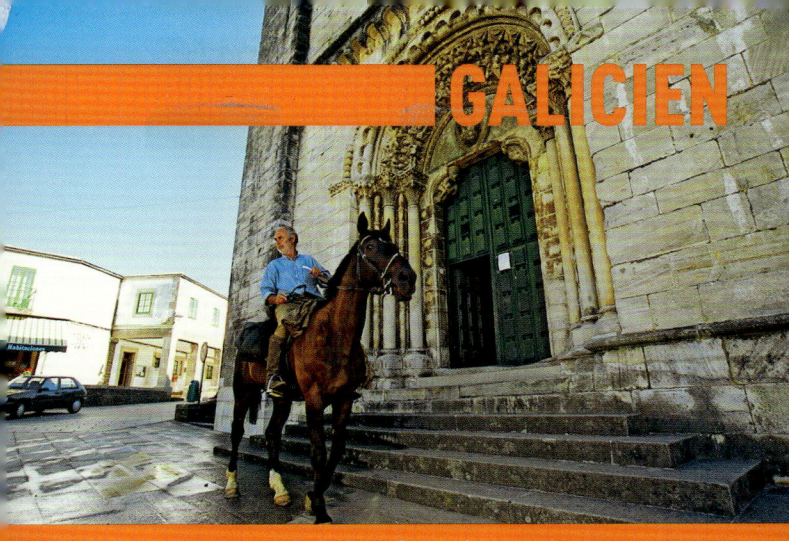

Pilgern hoch zu Ross: Reiter vor der Kirche von Portomarín

weitem Bogen ans Zwischenziel *Portomarín* heran, der Pfad für Wanderer und Mountainbiker führt über Brea und Mirallos direkter hin. Die Landschaft erstrahlt in künstlicher Schönheit: mit dem vor einigen Jahrzehnten angelegten *Belesar-Stausee*, über den sich eine lange, moderne Brücke Richtung Kapelle Las Nieves spannt. Eine Stufe höher liegt der freundliche Ortskern *Portomaríns* mit Rathaus, Granitarkaden und zinnengekrönter Wehrkirche. Stilvolles Quartier bietet das Hotel *Pousada de Portomarín (34 Zi. | Avda. de Sarria | Tel. 982 54 52 00 | Fax 982 54 52 70 | www.pousadadeportomarin.com | €€)*, wo man auch gut essen kann.

Hinter Portomarín halten sich Straße und *Camino* eng zusammen, selbst kleinste Orte wie *Gonzar* und *Hospital da Cruz* verfügen über Pilgerherbergen. In *Ventas de Narón* teilt sich die Welt wieder in Motorisierte und Nichtmotorisierte. Fraktion zwei schlägt die Strecke geradeaus über Eirexe nach Palas de Rei ein. Fraktion eins folgt der N 540 Richtung Lugo und biegt später links ab Richtung Santiago; vor *Palas de Rei* bietet sich Gelegenheit zu einem kurzen, ausgeschilderten Abstecher zur romanischen Kirche von *Vilar de Donas* mit interessanten Wandmalereien und Gräbern von Santiago-Rittern *(wechselnde Öffnungszeiten)*.

Im hügeldurchwellten Galicien verflachen die Eindrücke, nichts vermag mehr wesentlich vom Endziel Santiago abzulenken. Wiesen, Weiden und Gehöfte sind zur Gewohnheit geworden, in den aufgeforsteten Eukalyptuswäldern lässt sich's wunderbar durchatmen. Es geht stetig auf und ab, was Wanderer und Radler nachhaltig spüren. Einfache Unterkunft am Weg u.a. in Palas de Rei in der *Pensión Vilariño (15 Zi. | Avda. Compostela 16 | Tel. 982 38 01 52 | Fax 982 38 09 73 | €)*. Vom 🌿 *Monte do Gozo*, dem mit Camping- und Pilgereinrichtungen besetzten „Berg der Freude", schaut man auf die fernen Kathedraltürme Santiagos – allerdings nicht vom modernen Denkmal mit dem Motiv von

Papst Johannes Paul II., sondern von der nahen Skulptur zweier Pilger aus.

SANTIAGO DE COMPOSTELA

 KARTE IN DER HINTEREN UMSCHLAGKLAPPE

[114 B–C4] Das Jakobswunder um den mysteriösen Grabfund im 9. Jh. gilt vielen Katholiken als unumstößlich, Zweiflern bleibt die Faszination eines der weltweit bekanntesten Wallfahrtsziele. Besucher bleiben in Santiago de Compostela (100 000 Ew.) nicht unter sich. Hier erwartet sie keine in Granit erstarrte Glaubensstätte, das historische Viertel ist kein künstliches Labyrinth an Vorzeigegassen, die Souvenirshops bieten auch kunsthandwerklich Wertvolles. Überall stürzen sich die Einheimischen ins pralle Leben, grassiert das Ausgehfieber, reichern Studentengruppen die irdischen Sphären an. Die sagenhafte Altstadt, zum Welterbe der Unesco gehörig, formt eine Idealkulisse. Ein <mark>prächtiger Fernblick</mark> auf das Türmeensemble der Kathedrale bietet sich von der Parkanlage Alameda.

Insider Tipp

■ SEHENSWERTES ■

CATEDRAL DE SANTIAGO DE COMPOSTELA ★

Herzstück und Existenzberechtigung Santiagos mit einer Baugeschichte vom 11.–18. Jh. ist die typische Pilgerkathedrale, in der verschwitzte Fußpilger die Umstehenden narkotisieren, lautstark geführte Gruppen sich den Weg zum barocken Hauptaltar bahnen und die 12-Uhr-Pilgermesse die Massen anlockt. Wem dann die Sicht versperrt ist, der wirft einen Blick auf die TV-Bildschirme in den Seitenschiffen. Mitunter kommt bei den Messen der berühmte Weihrauchwerfer *(botafumeiro)* im Querschiff zum Einsatz: Seilzieher bringen das riesige Silbergefäß in Schwung.

Das überwältigende romanische „Tor der Herrlichkeit" (12. Jh.), der *Pórtico de la Gloria* des Meisters Mateo, wird durch den barocken Granitvorbau geschützt und steht heute im Innern der Kirche; am Mittelpfeiler blickt man zur Jakobusskulptur auf, hoch oben thronen die 24 Ältesten mit Musikinstrumenten in Händen. Die Tradition besagt, man könne durch drei sanfte Kopfstöße gegen die untere Rückseite des Pórtico ein wenig Geniekraft von Mateo in sich aufnehmen ... Auch der Aufstieg in den Hochaltar verlangt nach einem besonderen Ritual, man umarmt die Apostelbüste des Jakobus von hinten. In der *Jakobus-Krypta* blickt man auf den Silberschrein, der die sterblichen Überreste des Heiligen aufbewahren soll.

Ein Rundgang um die Kathedrale führt auf die *Praza do Obradoiro* und weitere Plätze mit interessanten Ansichten: die südliche *Praza das Praterías* mit dem Pferdebrunnen und dem romanischen „Portal der Silberschmiede" und die östliche *Praza da Quintana* mit dem Zugang zur „Heiligen Pforte", die nur während der Jakobusjahre – Jahre, in denen der Jakobstag (25. Juli) auf einen Sonntag fällt – geöffnet wird. Je nach Jahres- und Tageszeit windet sich dann die wartende Menschenschlange lang hinaus. *Kathedrale morgens bis abends durchgehend zugänglich | www.archi compostela.org*

COLEXIATA DE SAR

Romanische Stiftskirche südlich der Innenstadt nahe dem Río Sar, im Innern kurios geneigte Säulen. Außerdem Skulpturen, kleiner Kreuzgang und Museum. *Mo–Sa 10–13, 16–19 Uhr | Rúa do Sar do Afora*

MUSEO DE LA CATEDRAL

Kathedralmuseum mit Zugang in den platteresken Kreuzgang. Über viele Säle verteilt: Skulpturen, der nachgebaute Steinchor von Meister Mateo, Gobelins nach Vorlagen von Goya. Höhepunkte sind Schatzkammer und königliches Pantheon. Dasselbe Ticket berechtigt außerdem zum Besuch der Krypta (separater Eingang ab der Praza do Obradoiro). *Museum Mo–Sa 10–14 (im Winter bis 13.30), 16–20 (im Winter bis 18.30), So 10 bis 14 Uhr, Zugang vom Kathedralinnern oder Praza do Obradoiro*

MUSEO DAS PEREGRINACIÓNS

Interessantes Pilgermuseum mit Skulpturen aus mehreren Jahrhunderten und Informationen rund um die Santiago-Wallfahrt. Sa nachmittags ist der Eintritt frei. *Di–Fr 10–20, Sa 10.30–13.30, 17–20, So 10.30 bis 13.30 Uhr | www.mdperegrinacions. com | Rúa de San Miguel 4*

PRAZA DO OBRADOIRO

Santiagos weit ausgreifender Pracht- und Vorzeigeplatz, auf dem das Leben pulsiert und ein ständiges Kommen und Gehen herrscht. Musik dringt aus den Arkaden, Straßenkünstler hoffen auf klingende

Der Weihrauchwerfer in der Kathedrale von Santiago de Compostela

SANTIAGO DE COMPOSTELA

Münze, Gruppen hasten ihren Guides hinterher. Prächtige Ansicht der barocken Hauptfassade der Kathedrale (18. Jh.), im obersten Mittelteil zwischen Ratschen- und Glockenturm steht der heilige Jakobus als Pilger. An die Kathedralfront schließt sich der *Palacio de Gelmírez* an, das romanische Erzbischofspalais mit ver-

Católicos ein, durch dessen reich dekoriertes Hauptportal nunmehr wohlbetuchte Gäste des Paradors schreiten.

■ ESSEN & TRINKEN ■

CASA MARCELO

Küchenchef Marcelo Tejedor hat in der galicischen Gastronomie Akzente

Am Ende der Reise: Pilger auf der Praza do Obradoiro

winkelten Treppen, Küche und prächtigen Sälen (empfehlenswert das Kombiticket, das auch für das *Museo de Catedral* gilt). Auf der anderen Platzseite zieht sich der neoklassizistische *Pazo de Raxoi* in die Breite, beherrscht von einem Relief des Jakobus als Maurentöter; im Innern schlagen galicische Beamte die Zeit tot. Die Nordflanke des Platzes nimmt das einstige Pilgerspital *Reis*

gesetzt und weiß stets zu überraschen. Auf dem Speiseplan steht einzig und allein das Hausmenü, das sechs oder sieben Gänge umfasst – ein Genuss! *Nur Di–Sa | Hortas 1 | Tel. 981 55 85 80 | €€€*

EL HISPANO

Einfach und rustikal, an den Markthallen gelegen. Günstiges Tagesmenü, Meeresfrüchte, Weinkarte, an-

Inside Tipp

genehme Terrasse. *So geschl.* | *Praza de Abastos 7* | *Tel. 981 56 18 50* | €

Ó-42
Vorzügliche Meeresfrüchte wie gedämpfte Miesmuscheln und gegrillte Tintenfische. Im Vorbereich belebte Bar, in der man sich auf ein Häppchen trifft. *Tgl.* | *Rúa do Franco 42* | *Tel. 981 58 10 09* | €€

TOÑI VICENTE
Galicische Schätze aus Meer und Garten – Spitzenküche! *So geschl., Avda. de Rosalía de Castro 24* | *Tel. 981 59 41 00* | *www.tonivicente.com* | €€€

■ EINKAUFEN
CASAL COTÓN
Verführerisch präsentierte Jakobuskuchen und andere Leckereien. *Rúa do Franco 44*

LA CASA DE LOS QUESOS ARTESANOS
Winziger Laden, eine Erfüllung für jeden Käsefan! *Cantón do Toural 10*

MERCADO
Vormittags bunter Wochenmarkt mit Freiluftständen und mehreren Hallen. Keine touristische Show, sondern stark von Einheimischen frequentiert. Hier kauern Kräuterfrauen neben den Körben. Interessant auch die Sektion mit frischem Fisch (außer Mo), überdies viel Obst und Käse. *Mo–Sa* | *Praza de Abastos*

■ ÜBERNACHTEN
LOS ABETOS ⌁
Hier betten Sie sich unter vier Sternen. Etwas außerhalb nahe dem Kongresspalast gelegen, mit Gartenanla-

gen und hauseigenem, kostenlosem Minibusservice in die City. *148 Zi.* | *San Lázaro* | *Tel. 981 55 70 26* | *Fax 981 58 61 77* | *www.hotellosabetos. com* | €€€

GELMÍREZ
Solides Drei-Sterne-Haus der Hespería-Hotelkette. Nahe dem Parlament, auch zur Kathedrale sind es nur 10 Min. zu Fuß. Wählen Sie möglichst ein Zimmer in den oberen Stockwerken und nach hinten raus. Mäßige Küche, essen Sie lieber irgendwo anders! *138 Zi.* | *Rúa do Hórreo 92* | *Tel. 981 56 11 00* | *Fax 981 55 52 81* | *www.hesperia.es* | €€

MONTE DO GOZO – CIUDAD DE VACACIONES ⌁
Weitläufige Anlage an den Abhängen des „Bergs der Freude", aufgeteilt in Großbungalows mit solide eingerichteten Zimmern – von Luxus weit entfernt, obgleich an der Obergrenze in dieser Preiskategorie. Das Areal umfasst auch einen Campingplatz. Etwa 5 km bis zur City. *288 Zi.* | *Rúa do Gozo 8* | *Tel. 981 55 89 42* | *Fax 981 56 28 92* | *www.montedogozo.com* | €

PARADOR HOSTAL DOS REIS CATÓLICOS ⌁
Fünf-Sterne-Umfeld mit Innenhöfen und Sälen am Kathedralplatz. Kaum zu übertreffendes Frühstücksbüfett und exzellentes Restaurant. Mitunter wird versucht, Gäste mit vergitterten Zimmerchen zur lauten Seitenstraße hin abzuspeisen. Am besten, Sie buchen ein Zimmer zu einem der Patios hinaus. *136 Zi.* | *Praza do Obradoiro 1* | *Tel. 981 58 22 00* | *Fax 981 56 30 94* | *www.parador.es* | €€€

SANTIAGO DE COMPOSTELA

FREIZEIT & SPORT

Im *Gimnasio Spagat (So ab 14 Uhr geschl. | Fernando III el Santo | Tel. 981 59 18 83)* stehen auswärtigen Gästen Tagesausweise zur Verfügung. Es gibt einen riesigen Fitnesssaal und ein Dampfbad; die Poolbenutzung ist je nach Belegung möglich. Jogger können die kleine Parkanlage *Alameda* sowie die – allerdings nicht besonders ausgedehn-

>LOW BUDGET

> Eine günstige Alternative zum Hotel: Angenehm im Grünen liegt der Campingplatz *As Cancelas* etwa 2,5 km außerhalb der Innenstadt von Santiago de Compostela. Hier werden 12 Bungalows vermietet, die jeweils bis zu fünf Personen Platz bieten. *Ganzjährig geöffnet | Barrio Las Cancelas | Rua do 25 de Xullo | Tel. 981 58 02 66 | Fax 981 57 55 53 | www. campingascancelas.com*

> Kostenlos ist in Santiago de Compostela der Eintritt ins *Museo do Pobo Galego,* ein schönes Volkskundemuseum, das im einstigen Kloster San Domingos de Bonaval untergebracht ist. Die Themen reichen von Fischfang und alten Handwerken bis zu Trachten und Musik. *Di–Sa 10–14, 16–20, So 11–14 Uhr | Rúa de Valle Inclán s/n | www.museodopobo.es*

> Linienbusse der Gesellschaft *Freire* (Ticket 1,80 Euro) sparen am Flughafen von Santiago de Compostela das überteuerte Taxi in die Stadt. *Tgl. bis zu 15 Verbindungen ab/bis Busbahnhof und Rua Doutor Teixeiro (Zentrum). Aktuelle Fahrpläne: Tel. 981 58 81 11 | www.empresafreire.com*

ten – Wege im *Parque de Paxonal* an den Ufern des *Río Sar* nutzen.

AM ABEND

Die traditionellen Einkehr- und Ausgehzonen konzentrieren sich weitestgehend auf die Bereiche um die *Rúa do Franco* und die *Rúa do Vilar*; nett sitzt man gegenüber dem *Colexio de Fonseca* (Bibliothek) auf der kleinen *Praza de Fonseca* sowie am Ende der *Rúa do Franco* Richtung Alameda-Park. Zu den populären Treffpunkten der Einheimischen zählen überdies die Altstadtgegenden um die *Rúa da Caldeirería* sowie die Plätze *Cervantes* und *Pescadería Vella*.

AUSKUNFT

Rúa do Vilar 30–32 | Tel. 981 58 40 81 | Fax 981 56 51 78 | www.santiagoturismo.com

ZIELE IN DER UMGEBUNG

PADRÓN   [114 B4]

Zu römischen Zeiten als Iria Flavia bekannt und der Legende nach Landungsort des so genannten „Engelsschiffes", mit dem die sterblichen Überreste des hl. Jakobus transportiert wurden. An der Flussbrücke liegt die *Jakobuskirche*, etwas abseits der Innenstadt erinnert ein museal aufbereitetes Landhaus an die 1885 verstorbene Dichterin Rosalía de Castro *(Casa-Museo Di–Sa 10 bis 13.30, 16–19, im Sommer Di–Sa 10 bis 14, 16–20, So immer 10–13.30 Uhr | www.rosaliadecastro.org).* Auf dem örtlichen Friedhof liegt der Literaturnobelpreisträger Camilo José Cela (1916–2002) begraben. *Ca. 20 km südwestlich von Santiago*

Weitläufiger Atlantikstrand: Playa de Lanzada an der Ría de Arousa

PONTEVEDRA [114 B6]

Die 80000 Ew. starke Provinzmetropole trumpft mit einer der freundlichsten Altstädte Galiciens auf. Rund um die lauschige *Praza da Leña* verästeln sich die Gassen, besonders nett sitzen Sie an der *Praza da Ferreria* mit Blick auf Grünanlagen und die Kirche *San Francisco* (14. Jh.). In einem Renaissancepalast aus dem 16. Jh. ist der *Parador de Pontevedra* untergebracht *(47 Zi. | Barón, 19 | Tel. 986855800 | Fax 986852195 | www.parador.es | €€€),* als grüne Flaniermeile sticht die *Alameda* hervor. *Infos: Rúa Gutiérrez Mellado 1 | Tel. 986 85 08 14 | Fax 986 84 81 23 | www.concellopontevedra.es. 65 km südlich von Santiago (Anfahrt über die Autobahn A 9)*

RÍA DE AROUSA ⭐ [114 B5]

Weit verästelter Meeresarm mit Muschelzuchtinseln; Rundum liegen malerische Häfen und die populären Urlaubsgebiete der Rías Baixas *(www.riasbaixas.depo.es).* Im Mündungsgebiet des Ulla stimmen die mittelalterlichen Wehrtürme von *Catoira (Torres do Oeste)* auf lohnende Ziele ein, speziell in den Ost- und Südteilen des Meeresarms. Über eine Brücke erreichen Sie die Insel *Arousa; Cambados* ist für seine Albariñoweine und den Palast *Pazo de Fefiñanes* bekannt, *O Grove* erwartet Sie mit einem Hafen und guten Fischlokalen. Hier stechen Ausflugsboote in See, eine Brücke führt zur Insel *A Toxa* mit ihrem muschelbelegten Kirchlein und dem First-class-Hotel 🛜 *La Toja (197 Zi. | Tel. 986 73 00 25 | Fax 986 73 00 26 | www.hesperia.es | €€€);* hier kommt Wellnessfreude auf. Der südlich von O Grove gelegene Strand *Lanzada* wendet sich der offenen See zu. *40 km südwestlich von Santiago*

> WILDE TÄLER, EINE KULTURSTADT UND DAS „ENDE DER WELT"

Durch Pyrenäentäler, zum Cabo Fisterra und nach Bilbao

Die Touren sind auf dem hinteren Umschlag und im Reiseatlas grün markiert

1 PITTORESKE PYRENÄENTÄLER

Statt abgegraster Bergflecken finden Sie in den Tälern Salazar und Roncal ein weitgehend unverfälschtes ländliches Umfeld. Wer keine Eile hat, mietet sich für mehrere Nächte in einem Landhaus ein. Sonst reicht für die ca. 140 km lange Rundtour ab Sangüesa ein voller Tag; Verlauf der Strecke über Yesa, Burgui, Roncal, Isaba, Ochagavía und Lumbier.

Bild: Meeresarm Ría de Muros y Noia

Die Reise ins ursprüngliche Navarra führt zu Beginn über Liédena und Yesa an den Ufern des Yesa-Stausees vorbei. Nach ca. 30 km leitet Sie ein ausgewiesener Links-Abzweig ab der N 240 über Salvatierra de Esca und Burgui ins **Valle del Roncal**. Hier beginnen die typischen Berg- und Talwelten: grüne Hänge mit Wiesen und Wäldern, plätschernde Bäche, Schafzucht, urige Steindörfer. Was nicht zu dem Fehl-

AUSFLÜGE & TOUREN

schluss verleiten sollte, man stieße hier auf Hinterwäldler. Viele spanische Städter haben Gebirgsgegenden wie diese wiederentdeckt und den grünen Tourismus gefördert, die Zahl der Unterkünfte in Landhäusern *(casas rurales)* ist sprunghaft gestiegen.

Roncal, der Hauptort des vom Río Esca durchzogenen Tales, gilt als Hochburg des Schafskäses. Decken Sie sich im Zentrum in einem der kleinen Läden ein! Auf kulturellen Geschmack bringt Sie die *Casa-Museo Julián Gayarre (im Sommer Di bis So 11.30–13.30, 17–19, Aug. bis 20, sonst nur Sa/So 11.30–13.30, 16 bis 18 Uhr)*, die wie das pompöse Monument auf dem Friedhof an den berühmtesten Sohn des Dorfes erinnert: den Tenor Julián Gayarre (1844–90).

Die Steinhäuser von **Isaba** zeigen sich besonders schön verschachtelt. Im typisch rustikalen Stil ist das

Hostal Lola (Nov. geschl. | 21 Zi. | Calle Mendigatxa 17 | Tel./Fax 948 893012 | www.hostal-lola.com | €) gehalten. Kulinarisch gut bedient werden Sie in **Ochagavía**, dem wichtigsten und malerischsten Ort im Nachbartal **Salazar**, wo sich die Flüsschen Anduña und Zatoya zum Río Salazar vereinen. An der Plaza Gurpide erwartet Sie das Restaurante *Auñamendi (tgl. | Tel. 948 89 01 89 |*

Navarras „Grand Canyon", die Foz de Arbayún

€€), davor sitzen Sie nett bei einem Drink mit Blick auf den Hauptplatz. Mitten durch den Dorfkern strömt der brückchenüberspannte Fluss. Über den 600-Seelen-Ort verteilen sich außerdem 30 Landhäuser, von denen sich die meisten auf eine wochenend- oder wochenweise Vermietung eingestellt haben. Für Campingfreunde bietet der in Ochagavía gelegene Campingplatz *Osate (Nov. geschl. | Tel. 948 89 01 84 | www.campingosate.net | €)* eine gute Option; kostengünstig sind die für 2, 4 und 8 Personen ausgerichteten **Bungalows.** `Inside Tipp`

Talsüdwärts führt der Río Salazar an Dörfern wie **Güesa** vorbei, Fluss- und Bergkulissen machen den Abschied schwer. Am Ende brennt sich der Salazar mit einem spektakulären Schluchtbild ins Gedächtnis: die *Foz de Arbayún,* Navarras „Grand Canyon", mit Steilwänden von mehreren Hundert Metern Höhe; links der Straße liegt der ☼ Aussichtsparkplatz. Weiterfahrt über Lumbier und Liédena nach Sangüesa. `Inside Tipp`

2 GALICIENS GRANDIOSES KÜSTENLAND

Magisch lockt das Cabo Fisterra, das „Ende der Welt"! Ab Santiago de Compostela führt die Strecke durch Noia und Muros, auf dem Rückweg lohnt sich im Sommer ein Stopp am Strand San Francisco. Rechnen Sie unterwegs mit vielen Hügeln und Kurven! Die 240 km lange Tour ist als Tagesausflug ab Santiago de Compostela gut machbar, An- und Rückfahrt auf derselben Strecke.

In **Santiago de Compostela** *(S. 82)* trägt Sie die C-543 westwärts hinaus Richtung Noia, dem nächst erreichbaren Atlantikstädtchen. Die gut ausgebaute Landstraße wellt sich durch Galiciens Hügelwelt mit ihren Rinderweiden, Farnen und Eukalyptushainen. Hier wächst Nachschub für die Papierindustrie heran, auch die Balken der Muschelzuchtinseln werden aus Eukalyptusholz gefertigt.

Noia empfängt Sie mit beschaulichen Bildern, zu denen die Bars im Zentrum ebenso gehören wie die Kirche *San Martiño* mit ihrem Skulpturenwerk und die Kirche *Santa María* mit ihren Grabtafeln. Noia liegt am äußersten Inlandseinschnitt der Ria de Muros e Noia, eines Meeresarms, der weit ausgreift und an der Landstraße C550 lange Ihr Begleiter bleibt. Auf der Fahrt an die Nordseite der Ria kreuzen Sie den Río Tambre in skandinavisch anmutender Landschaft, ehe sich die Asphaltader nah ans Meer heranzieht und den ❀ Ausblick auf die künstlichen Muschelzuchtinseln *(bateas)* erlaubt. Aufgereiht an Unterwasserseilen, reifen hier Miesmuscheln heran. Wegen seines ansehnlichen Fischerhafens und seiner Geschäftsgassen eignet sich Muros für einen längeren Stopp. An der Uferlinie finden Sie Parkplätze, ab dem Hafen sticht im Sommer ein Ausflugsboot mit Glasboden zu den *bateas* in See (s. „Mit Kindern reisen"). Meereskostfans verlassen Muros nicht, ohne eine Portion gekochten Oktopus *(pulpo a feira)* probiert zu haben – die Qualität im *Restaurante Don Bodegón (tgl. | Calle Porta da Vila s/n | Tel. 981 82 78 02 | €–€€)* ist kaum zu schlagen!

Hinter Muros streift die Küstenstraße den Strand San Francisco (Badestopp auf der Rückfahrt) und die Dü-

nenlandschaft um die Lagune Xarfas-Louro, im Hinterland wirft sich der Monte Louro auf. Bei Carnota spannt sich der sichelförmig verlaufende Sandstrand kilometerlang dahin, im Ortskern ist Galiciens längster Getreidespeicher *(hórreo de Carnota)*

Traditioneller Getreidespeicher bei Carnota

ausgewiesen. Der datiert aus der zweiten Hälfte des 18. Jhs. und misst rund 30 m. Der *hórreo* liegt in Sichtweite der Kirche, der ein Friedhof mit typischen Grabetagenbauten angeschlossen ist. Die Küstenfahrt ab Carnota markiert einen weiteren Höhepunkt des Trips, allerdings trübt der Verhüttungsbetrieb von Cée-Corcubión das Bild. Einen Hügel weiter hält das Sträßchen auf Fisterra zu, den letzten Ort vor der Auffahrt zum Kap. Das Hafenbecken bietet atmosphärischen Durchschnitt, gleich dahinter finden sich Fischer zum Netzeflicken ein. Unter der großen Auswahl an Einkehrstätten treffen Sie mit dem *O Tearrón (tgl. | Calle Calafigueira 1 | Tel. 981 74 01 12 | €–€€)*, einer Kombination aus Restaurant und Kneipe, eine gute Wahl. Pluspunkt ist die <mark>breite Terrasse mit Hafenblick,</mark> ideal für einen Drink oder ein belegtes Brot. Wer ausgiebiger tafeln möchte, ordert die gemischte Fischplatte *(parrillada de pescado)*. Gleich unterhalb der Terrasse erinnert das Auswanderermonument an die galicischen Emigranten, die das harte Leben in der von Fischfang und Landwirtschaft geprägten Heimat mit einem Neuanfang in anderen Weltgegenden tauschten.

Rund 4 km trennen den Hafen vom Parkplatz am Cabo Fisterra; zu Beginn des Zubringersträßchens liegt rechter Hand die romanische Kirche *Santa Maria das Áreas*, ebenfalls mit interessantem Friedhof. Die Felskulisse über dem Kap ragt wie eine Riesenflosse aus dem Atlantik. Oft pfeifen Winde über den Grat, tief unten krachen Wellen gegen die Klippen. Die besten Aussichten hinab auf die „Todesküste" Costa da Morte und voraus auf die Weite der See bieten sich am ❄ Ende des Weges, der am Leuchtturm vorbeiläuft und ein paar Treppenstufen abwärts führt. Wie viele Jakobspilger mögen an ebendieser Stelle im Mittelalter gestanden haben, nach damaligem Verständnis am Tellerrand der Erdscheibe? Viele waren von Santiago de Compostela weiter ans „Ende der Welt" gezogen, verbrannten hier ihre alte Kluft, begriffen Fisterra als Wendepunkt ihrer Reise oder gar ihres Lebens. Wer etwas länger die Nähe des Kaps spüren will, quartiert sich – in 143 m Höhe über dem Meer – im kleinen Hotel *O Semáforo* (im Nov. geschl. | 5 Zi. | *Estrada do Faro s/n* | *Tel. 981*

725869 | *Fax 981740807* | *www.ose maforo.com* | *€€)* ein.

Ab Fisterra schlagen Sie dieselbe Straße zurück Richtung Santiago de Compostela ein und werden feststellen, wie schön die Küste unter tiefer stehender Sonne und aus anderer Perspektive wirkt. Zum Abschluss der Tour sollten Sie einen Stopp an der Playa de San Francisco einplanen, um sich in die Atlantikfluten zu stürzen. In Noia bietet das Hotel *Park Ría de Noya* (63 Zi. | *Río do Porto s/n* | *Tel. 981823729* | *Fax 981823133* | *www. hotelpark.es* | *€€)* eine Übernachtungsalternative zu Santiago.

3 CITYTRIP NACH BILBAO

Der Flughafen macht Bilbao zum Dreh- und Angelpunkt für deutschsprachige Besucher, Busse stellen die Verbindung zu Jakobswegstädten wie dem 170 km entfernten Pamplona her. Als bloße Durchgangsstation ist die Industriemetropole jedoch zu schade. Dafür bürgt alleine das Guggenheim-Museum.

Wie ein silbern glitzernder Riese ruht es über den Ufern des Río Nervión, aufgeschachtelt in phantasiereiche Formen, mit dünnen Titanplatten belegt: das ▶▶ Guggenheim-Museum für Moderne und Zeitgenössische Kunst *(Av. Abandoibarra 2* | *Di–So, Juli/Aug. tgl. 10–20 Uhr* | *www.guggenheim-bil bao.es)*. Eine ständige Sammlung wird nicht gezeigt, dafür laufen stets mehrere Wechselausstellungen. Der Schwerpunkt liegt ohnehin auf dem großen architektonischen Wurf von Frank O. Gehry, der dem Museum über eine Million Besucher pro Jahr beschert. Kunstfreunde suchen auch

AUSFLÜGE & TOUREN

das nahe **Museum der Schönen Künste** auf, wo u. a. Werke von El Greco und Francisco de Zurbarán gezeigt werden *(Plaza del Museo 2 | Di–So 10 bis 20 Uhr | www.museobilbao.com)*.

In den Außenbereichen des Guggenheim-Museums sind zwei übermächtige Tiere zu Wahrzeichen erebenso geschäftiger wie kneipenreicher Bezirk. Gute Adressen für die Rast im städtischen Trubel sind die Platzcafés auf der arkadenumzogenen **Plaza Nueva**, den stilvollsten Rahmen zur Tapas-Einkehr bietet das *Café Iruña* an den Jardines de Albia *(tgl. | Tel. 944 23 70 21 | €)*. Als klas-

Ein Hingucker: Frank O. Gehrys Guggenheim-Museum in Bilbao

wachsen: auf der Hauptesplanade die Blumenhundskulptur „Puppy" von Jeff Koons, am Flussufer die Bronzespinne „Maman" von Louise Bourgeois. Von der Spinnenplastik erreichen Sie über die **Flusspromenaden** zu Fuß die Altstadt, unterwegs fällt der Blick auf die kleine, weiße Brücke **Zubizuri** von Santiago Calatrava und auf die Rathausfront. Hinter dem Theater Arriaga tauchen Sie ins historische Viertel ein, wo sich nahe der **Catedral de Santiago** die ▶▶ „Sieben Gassen" *(Siete Calles)* verästeln, ein

Insider Tipp

sische Shoppingachse sticht die **Gran Vía de Don Diego López de Haro** hervor. Die Spanne der Unterkünfte reicht von der einfachen *Albergue Bilbao (142 Betten | Ctra. Basurto–Kastrexana 70 | Tel. 944 27 00 54 | Fax 944 27 54 79 | http://albergue.bilbao.net | €)* bis zum Luxus des Hotels ⌇ *Carlton (144 Zi. | Plaza Moyúa 2 | Tel. 944 16 22 00 | Fax 944 16 46 28 | www.hotelcarlton.es | €€€)*.

Auskunft: ⌇ *Plaza del Ensanche 11 | Tel. 944 79 57 60 | Fax 944 79 57 61 | www.bilbao.net*

EIN TAG IN SANTIAGO DE COMPOSTELA

Action pur und einmalige Erlebnisse mit unserem Szene-Scout

GALIZISCH AUFWACHEN

8:00

Ausgeschlafen? Zum Wachwerden geht's in den Shop der *Panadería Vista Alegre*. Dort gibt's Hörnchen und galizische Leckereien. Einfach mitnehmen und im nahen *Parque da Música* zusammen mit den warmen Strahlen der Morgensonne genießen. **WO?** *Vista Alegre 56, Santiago de Compostela | Tel. 981 58 74 11 | www.panvistaalegre.com*

9:30

HOCH HINAUS

Ab in die Lüfte und im Motorflugzeug abheben. Einmal oben angekommen, ist nur noch der grandiose Über- und Ausblick wichtig. Besonders schön: die Altstadt. Den Nervenkitzel, in der kleinen Maschine jede Luftbewegung zu spüren, gibt's frei Haus dazu! **WO?** *Aeropuerto de Santiago de Compostela | Tel. 902 40 47 04 | Kosten: 65 Euro | www.aena.es |*

BIKETOUR MIT AUDIOGUIDE

11:00

Mit dem Bike von *Tour'n'ride* heißt es jetzt durch die City düsen. Per Knopfdruck verrät der MP3-Audioguide alle wichtigen Fakten und Daten zu den Orten, die angeradelt werden! Ziel wählen und eine kleine Pause einlegen. **WO?** *Radverleih: C/Laverde Ruiz 5 | Kosten: 7 Euro | Tel. 981 93 66 16 | www.tournride.com | Audioguide: Turismo de Santiago, Rúa do Vilar 63 | Kosten: 25 Euro | Tel. 981 55 51 29 | www.santiagoturismo.com*

13:00

SEAFOOD-LUNCH

Hunger? Im *Restaurante Marisquería Fornos* gibt's regionaltypische Küche mit modernem Touch. Wie wär's z.B. mit Entenmuscheln – einer Art kleine Krebse – oder einem zarten Steinbuttfilet und dazu einem feinen Rioja-Wein? Lecker! **WO?** *C/Hórreo 24 | Bajo-Plaza de Galicia 3, Tel. 981 56 57 21 | www.restaurantemarisqueriafornos.es*

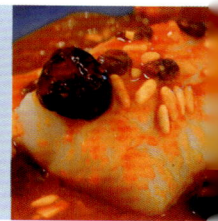

24 h

RAFTING IN PADRÓN

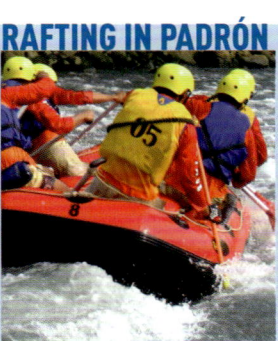

15:30

Die Sar wartet. Der Fluss, der eine halbe Stunde außerhalb von Santiago fließt, ist ideal zum Raften. Mit einem Führer von *Compostur* flitzt man im Schlauchboot vorbei an spitzen Felsvorsprüngen und versucht beim Durchfahren der Stromschnellen das Gleichgewicht zu halten. **WO?** *Compostur* | Kosten: ab 29 Euro | Tel. 902 19 01 60 | Anmeldung per Mail: info@santiagoreservas.com | www.santiagoreservas.com

19:00

DIGITALER RUNDGANG

Bei einer Führung durch das *Galicia Dixital* erlebt man die Region aus einem neuen Blickwinkel. Bewegte 3D-Bilder zeigen die Highlights des Jakobswegs oder lassen einen per Achterbahn über Santiago de Compostela flitzen. Im *Leeren Museum* kann man virtuelle Räume und Kunstwerke dank technischer Spielereien erkunden. Spannend! **WO?** *Kloster Martíño Pinario, Praza de San Martíño s/n* | Anmeldung unter Tel. 981 55 40 48 | http://galiciadixital.xunta.es

DINNER IN STYLE

21:30

Im *Don Gaiferos* stimmt einfach alles: das Interieur und das Essen. Moderne Gerichte werden in einem stilvollen Ambiente serviert. Wie wäre es mit Kingprawns gefüllt mit Lachs? Tipp: Zum Nachtisch unbedingt die berühmte Mandel-Tarte versuchen! **WO?** *C/Nova 23* | Tel. 981 58 38 94

23:30

LIVEACT

Party on! Im *Casa das Crechas* feiern die Einheimischen, und die müssen ja wissen, wo's richtig abgeht. Auf der riesigen Bühne rocken hauptsächlich Bands der Region. Einfach unter das Partyvolk mischen und bis in die frühen Morgenstunden durchtanzen! **WO?** *Vía Sacra 3* | Tel. 678 58 02 54 | www.casadascrechas.com

STAUBIGE PISTEN UND
EISIGE HÄNGE

Der Jakobsweg ist für Wanderer und Radler ein Selbstläufer

> Lohnende Sportziele liegen mitunter etwas versteckt, Wintersportler und Mountainbiker dürfen sich überraschen lassen. Hinweise für Radfahrer: Fahrradverleiher gibt es kaum, auf Straßen herrscht Helmpflicht, Radwege sind Mangelware.

FUSSBALL

Im Land des Fußballeuropameisters 2008 kennt die Begeisterung für den Ball keine Grenzen. Bei den Liveberichten im Fernsehen beben die Kneipen – der Spanier liebster Treffpunkt. Nicht ganz so rosig sieht es mit den Profiteams aus der Jakobswegregion aus. In Pamplona spielt Osasuna oft gegen den Abstieg aus der ersten Liga, in Logroño und Santiago de Compostela trauert man rosigen Erstligazeiten seit langem hinterher. Der Club Ponferradina aus Ponferrada hat immerhin schon in der zweiten Liga mitgemischt. León und Burgos rangieren dagegen unter „ferner liefen".

MOUNTAINBIKING

Navarras Halbwüstenlandschaft *Bardenas Reales* mit ihren bizarren Felsformationen ist ein echter Knüller; Ortsfremde sollten allerdings nicht ohne Karte starten. Idealen Einstieg bietet das Örtchen Arguedas [120 C6], von wo aus staubige Pisten durch gnadenlose Hitze führen. Die „Extreme Bardenas", eine 100-km-Tour quer bzw. rund um die Bardenas Reales, lockt alljährlich gegen Ende Juni rund 1500 Mountainbiker an *(www.extremebardenas.com)*.

PELOTA

In Navarra und La Rioja ist baskisches Pelota *(pelota vasca)* populär – Squash im Großformat, das die Zuschauer in riesige Hallen lockt und im Einzel oder Doppel ausgetragen wird. Statt herkömmlicher Rackets benutzt man Holzschläger.

REITEN

Es gibt vereinzelte Reitcenter *(centros de equitación, clubs hípicos)*, die mitun-

> SPORT & AKTIVITÄTEN

ter etwas versteckt gelegen und nicht einfach zu erreichen sind. Eine gute Wahl trifft man in der Rioja am Rand des Pilgerortes Navarrete [120 A5] mit dem *Centro Hípico Navarrete (Término Los Gustales | Tel. 941740078 | Handy 617354873 | keine Mail)*. Von ihrem kleinen Reiterhof aus bietet das schweizerisch-spanische Paar Katherina und Juan Manuel geführte Ausritte durch die Weinberge der Umgebung an. Für erfahrene Reiter werden auf Anfrage auch anspruchsvolle Halb- oder Ganztagestouren offeriert.

■ WANDERN ■

Wer auf dem Jakobsweg nur Zeit für Teiletappen hat und möglichst abwechslungsreiche Gegenden durchwandern will, sollte die monotone Meseta zwischen Burgos und León besser meiden. Ein empfehlenswerter, insgesamt 205 km langer Abschnitt führt ab *Pamplona* durch die Weingärten Navarras und der Rioja sowie durch die Montes de Oca nach Burgos; ab Burgos gute Zug- und Busverbindungen. Guter Startpunkt für Berg- und Taletappen durch Kastilien-León und Galicien ist *Astorga* (Zug- und Busbahnhof), von wo aus 255 km bis Santiago de Compostela verbleiben.

■ WINTERSPORT ■

Am Aragonesischen Jakobsweg breitet sich das Skigebiet *Canfranc-Candanchú* [121 F3–4] aus, die Hauptliftstation liegt direkt an der Straße nach Jaca; Skischule, Materialausleihe, alpin und Langlauf, Infos unter *www.candanchu. com*. Navarras Pyrenäentäler *Salazar* und *Roncal* [121 E3] sind Ausgangspunkte für Skilanglauf, in der Rioja lockt die 1620 m hoch gelegene Skistation *Valdezcaray* [119 E5] *(www.valdezca ray.es)* Brettlfans an. Auch in Valdezcaray finden Sie eine Skischule und Materialverleih. Auf garantierte Schneesicherheit darf man jedoch nirgendwo hoffen!

> DINOSAURIERN UND GEIERN AUF DER SPUR

Statt künstlicher Attraktionen liegt der Schwerpunkt auf der Natur, zudem warten in Spaniens Norden echte Überraschungen

> In España lässt man den Nachwuchs an der langen Leine, nimmt ihn selbst spät abends in die Kneipe oder zum Konzert mit. Die Schule fängt erst um 9 Uhr an, und die Sommerferien dauern weit über zwei Monate!

Während der Urlaubszeit sieht man gelegentlich Familien, die den Jakobsweg erwandern. Das empfiehlt sich aber nur mit älteren Kindern, denen längere Märsche nicht fremd sind. Für kürzere Strecken im Familienverbund eignen sich zwei nachfolgend ausgewählte Teilabschnitte in Galicien und Navarra.

■ NAVARRA ■

FAMILIENWANDERN [120–121]
AUF DEM JAKOBSWEG C–D3]

Gute Wandermöglichkeiten bietet das 45 km lange Jakobswegstück von Roncesvalles nach Pamplona. Die Strecke ist nicht zu strapaziös, bietet schattige Passagen und erlaubt zu-

Inside Tipp

> *www.marcopolo.de/jakobsweg*

MIT KINDERN REISEN

mindest zwei Zwischenübernachtungen; die beiden Etappen sind etwa gleich lang. Stellen Sie Ihr Fahrzeug in *Pamplona* ab und nehmen Sie ab der zentralen Busstation (Av. Yanguas y Miranda) den Bus nach Roncesvalles *(im Regelfall Mo–Fr 18, Sa 9.30 Uhr | Gesellschaft Artieda | Tel. 948 30 02 87 | Fahrpläne unter www. autobusesdenavarra.com)*. Als Übernachtungsstätte in Roncesvalles bieten sich statt der Pilgerherberge die

für Familien geeigneten Apartments der *Casa de los Beneficiados (23 Ap. | Tel. 948 76 01 05 | Fax 948 76 00 12 | www.casadebeneficiados.com | €)* an. Am nächsten Tag Wanderung über Burguete, Viscarret und den Erro-Pass abwärts nach *Zubiri*; in Zubiri ◠ *Hostería (10 Zi. | Avda. Roncesvalles 6 | Tel./Fax 948 30 43 29 | www.hosteriadezubiri.com | €)*. Tags drauf wechseln sich Flach- und Hügelpassagen ab. Es geht an Weiden vorbei, ernüchternd ist nur ein 700-m-Straßenstück bei Zuriáin. Verlauf: Larrasoaña, Kirche Trinidad de Arre, Villava, Pamplona.

FOZ DE LUMBIER [121 D4]
Nahe dem Örtchen Lumbier Wanderung durch die vom Irati durchflossene Schlucht *(Foz)*, ab dem Parkplatz ca. 4 km hin und zurück. Unterwegs geht man durch zwei Tunnel, durch die einst eine Schmalspurbahn schnaufte. Eine der Attraktionen der bizarren Landschaften sind die **Gänsegeier,** die sich mit scharfem Auge oder Fernglas auf den Felsspornen ausmachen lassen.

Insider Tipp

▇ LA RIOJA ▇

DINOSAURIERSPUREN [120 B6]
Die östliche Rioja ist für ihre versteinerten Dinosaurierspuren *(huellas de dinosaurios)* bekannt. Gute Areale mit teils überdachten Spurenfeldern im Fels sowie furchterregenden Echsenskulpturen finden Sie bei Munilla, Enciso und Cornago. In Enciso gibt es ein Dinomuseum *(Centro Paleontológico | Mo–Sa 11–14, 15–18, So 11–14, im Sommer tgl. 11–14, 17–20 Uhr | Eintritt 3, Kinder 1,50 Euro | www.dinosaurios-larioja.org).*

KASTELL VON CLAVIJO ☀ [120 A5]
Die Burg aus dem Mittelalter thront mit wuchtigen Türmen und Zinnen auf der Felsplattform hoch über dem Ort Clavijo. Vom Dorfkern führt der Weg zu den frei zugänglichen Festungsruinen. Im Innern halten sich kurze Pfade an den Mauern entlang, Abstürze sind mit Metallseilen gesichert – trotzdem ist Vorsicht geboten. Prächtige Ausblicke bis hinab zum fruchtbaren Becken des Río Ebro! *15 km südlich von Logroño*

▇ KASTILIEN-LEÓN ▇

BURG IN BURGOS ☀ [119 D5]
Das hoch über der Altstadt gelegene Kastell *(Castillo)* bietet nicht nur lohnende Ausblicke, sondern ist mit seinen Türmen und Galerien auch ein Dorado für Burgentdecker. *Juli–Sept.*

Mit weißer Farbe kenntlich gemacht: Dinospuren in der Rioja

*tgl. 11–14, 17–20.30, April–Juni Sa/
So 11–14, 16–19, sonst Sa/So 11–14
Uhr | Eintritt 3,20, Kinder 2,20 Euro*

LA YECLA [119 D6]

Spektakuläre Klamm von ca. 300 m
Länge, die etwa 3 km außerhalb von
Santo Domingo de Silos an der
Straße nach Caleruega liegt. Hinter
dem zweiten Tunnel liegt rechts ein
Parkplatz; links geht es hinab zu den
schmalen Stegen. Nach Möglichkeit
Fernglas mitbringen, denn über dem
Gebirge kreisen häufig Gänsegeier.

GALICIEN

BOOTSTOUR AB MUROS [114 A4]

Im Fischerhafen von Muros startet
eine einstündige Bootstour durch einen der schönsten Meeresarme Spaniens: die *Ria de Muros e Noia*. Das
Ausflugsschiff „Cruceros Costa
Viva" *(Tel. 981 82 78 02 | Handy 686
19 20 31)* verfügt über einen Glasbo-
den und steuert die künstlichen Mu-
chelzuchtinseln an, im Preis ist eine
kleine Verkostung enthalten. *Im Sommer mehrmals tgl., Ticket 12 Euro
(Morgenausfahrten) bzw. 14 Euro
(am Nachmittag), Kinder (3–10 J.) 5
Euro bzw. frei (unter 3 J.)*

FAMILIENWANDERN [114–115
AUF DEM JAKOBSWEG C–D4]

Für Familien empfiehlt sich der
letzte Teil des Jakobsweges mit dem
52-km-Abschnitt von Melide nach
Santiago de Compostela: über grüne
Hügel und durch schattige Eukalyp-
tushaine, aufteilbar in drei Etappen.
Lassen Sie Ihr Fahrzeug in Santiago
zurück, und nehmen Sie ab der Bus-
station an der Praza Camilo Díaz Va-
liño *(Tel. 981 54 24 16)* den Bus nach
Melide. Wer einen Morgenbus nimmt
(Mo–Fr 7, 9.15, 11, Sa/So 7, 11 Uhr),
kann in Melide direkt loslegen und
mit 14 km nach *Arzúa* beginnen;
Übernachtung dort in der Pilgerherberge oder Pensionen wie 🍴 *Mesón
do Peregrino (5 Zi. | Ramón Franco 7
| Tel./Fax 981 500 830 | http://meson
doperegrino.com | €).* Ab Arzúa sind
es 15 km bis *Santa Irene*; dort private
Herberge *Santa Irene (15 Betten | Tel.
981 511 000 | €).* Am letzten Tag ver-
bleiben 23 km bis Santiago mit Wanderung über den „Berg der Freude".

BILBAO

FUNICULAR DE ARTXANDA [119 F1–2]

Drahtseilbahn auf Bilbaos Hausberg
Artxanda, Start an der *Plaza del Funicular*. Die 770-m-Strecke vergeht
im Drei-Minuten-Flug, überdies ein
preiswertes Vergnügen. Erwachsene
zahlen 86, Kinder 37 Cent pro Strecke. *Mo–Sa 7.15 (So ab 8.15) bis 22
(im Sommer Sa/So bis 23) Uhr*

PUENTE COLGANTE [119 E1]

Die Ende des 19. Jhs. erbaute metal-
lene Hängebrücke *(puente colgante)*
über die Flussmündung des Nervión
zählt zum Weltkulturerbe. An Stahl-
seilen schweben Fahrzeugfähren hin
und her. Schon diese Passage ist ein
Erlebnis, richtig aufregend wird's jedoch auf dem 🔆 oberen Fußgänger-
steg *(pasarela).* Panoramaaufzüge
fahren zum gut gesicherten Wegstück
in 50 m Höhe hinauf, das die meeres-
nahen Vororte Portugalete und Las
Arenas auf 160 m Breite miteinander
verbindet. Nur für Schwindelfreie!
*Tgl. 10 Uhr–Sonnenuntergang | Er-
wachsene 5 Euro, Kinder (5–12 J.)
4 Euro | www.puente-colgante.com*

> VON ANREISE BIS ZOLL

Urlaub von Anfang bis Ende: die wichtigsten Adressen und Informationen für Ihre Reise entlang des Jakobswegs

■ ANREISE ■

Maßgebliche internationale Flughäfen im Zielgebiet sind Bilbao und Santiago de Compostela. Bilbao wird in der Sommersaison von *Tuifly (www.tuifly.com)* ab Köln-Bonn direkt angesteuert (ca. 2 Std.). Bei Online-Buchungen erschließen sich Steuern und versteckte Gebühren nicht immer auf den ersten Blick.

Ab zahlreichen Städten in Deutschland, Österreich und der Schweiz stehen Bilbao und Santiago de Compostela auf den Flugplänen von *Air Berlin (www.airberlin.com),* in der Regel via Palma de Mallorca; in Österreich heißt der Kooperationspartner *Fly Niki (www.flyniki.com).* Eine Alternative sind Flüge mit *Ryanair (www.ryanair.com);* in der Sommersaison werden ab Hahn das nordspanische Santander und das südwestfranzösische Biarritz bedient.

Abhängig vom Ausgangspunkt kommen Sie auch per Umsteigeverbindungen mit *Easy Jet (www.easy jet.com)* über London-Stansted nach Bilbao. Auch denkbar: ein Flug nach Madrid oder Barcelona (ebenfalls mit *Air Berlin* oder mit *Germanwings, www.germanwings.com, z.B. Stuttgart–Madrid oder Hamburg–Barcelona),* von dort weiter mit einer spanischen Fluggesellschaften zu kleineren nordspanischen Airports wie Pamplona oder Logroño.

PRAKTISCHE HINWEISE

Wanderer und Radler müssen ihre Rückreise ab Santiago de Compostela selbst in die Hand nehmen. Haben sie den Wagen z. B. in Pamplona stehen gelassen, gilt es, Zeit- und Kostenaufwand zwischen Flug- und Busverbindungen abzuwägen. Im Pilgerbüro in Santiago de Compostela gibt es im Erdgeschoss eine Art kleines Reisebüro.

Die Hauptroute für Auto- und Bahnfahrer führt über Paris, Bordeaux und Hendaye. Europabusse bedienen diverse Städte in Nordspanien: *Deutsche Touring (Am Römerhof 17 | 60486 Frankfurt/M. | Tel. 069/79 03 501 | www.touring.de).*

■ AUSKUNFT ■
SPANISCHE FREMDENVERKEHRSÄMTER
– Kurfürstendamm 63 | 10707 Berlin | Tel. 030/882 65 43 | Fax 882 66 61
– Grafenberger Allee 100 | 40237 Düsseldorf | Tel. 0211/680 39 81 | Fax 680 39 85
– Myliusstr. 14 | 60323 Frankfurt am Main | Tel. 069/72 50 38 | Fax 72 53 13
– Postfach 151940 | 80051 München | Tel. 089/530 74 60 | Fax 530 74 620
– Walfischgasse 8 | 1010 Wien | Tel. 01/512 95 80 | Fax 512 95 81
– Seefeldstr. 19 | 8008 Zürich | Tel. 044/253 60 50 | Fax 252 62 04

Infos vor Ort im jeweiligen Tourismusbüro *(oficina de turismo)*, hier die wichtigsten:

– Plaza Alonso Martínez 7 | bajo | E-09003 Burgos | Tel. 947 20 31 25 | Fax 947 27 65 29
– Plaza de la Regla 3–4 | E-24003 León | Tel. 987 23 70 82 | Fax 987 27 33 91
– Paseo del Espolón | E-26071 Logroño | Tel. 902 27 72 00 | Fax 941 29 16 40
– Calle Eslava 1 | E-31001 Pamplona | Tel. 848 42 04 20 | Fax 848 42 46 30
– Rúa do Vilar 30–32 | E-15705 Santiago de Compostela | Tel. 981 58 40 81 | Fax 981 56 51 78

■ AUTO ■
Achten Sie auf die Promillegrenze 0,5 und das Handyverbot am Steuer. Radio und Handy müssen beim Tanken ausgeschaltet sein. Höchstgeschwindigkeit innerorts 50 sowie auf Landstraßen – abhängig von der Beschilderung – 90 bzw. 100, auf Autobahnen 120 km/h. Im Auto mitzuführen sind zwei Warndreiecke und eine reflektierende Warnweste. Viele Spanier fahren recht aggressiv, halten nicht an Zebrastreifen und kümmern sich beim Ein- und Ausparken nicht um Blechbeulen. In den Innenstädten sind gebührenpflichtige Zonen (Parkscheine) blau markiert; gelbe Randmarkierungen bedeuten „Parken verboten".

■ BANKEN & KREDITKARTEN ■
Öffnungszeiten der Banken: üblicherweise *Mo–Fr 9–14 Uhr*. Es gibt

Geldautomaten für EC- oder Kreditkarten, gängige Kreditkarten sind weit verbreitet.

CAMPING

Am Jakobsweg reihen sich einige Campingplätze für müde Pilger auf, beliebte Anlagen finden sich auch an den Küsten Galiciens. Manche Plätze öffnen ganzjährig, andere nur von Juni bis September. Auf einfachen Plätzen sollte man pro Nacht mit folgenden Preisen rechnen: Auto 4–5 Euro, Zelt 4–6 Euro, Wohnwagen 4 bis 6 Euro, Erwachsener 4–5 Euro, Kind 3–4 Euro. Auskunft im Internet unter *www.infocamping.com*.

DIPLOMATISCHE VERTRETUNGEN

DEUTSCHES HONORAKONSULAT
Calle San Vicente, 8 | Edificio Alba | planta 13 | Bilbao | Tel. 944 23 85 85 | www.madrid.diplo.de

ÖSTERREICHISCHES HONORAKONSULAT
Calle Club 8 | bajo | Las Arenas | Bilbao | Tel. 944 64 07 63 | www. bmeia.gv.at

SCHWEIZER KONSULAT
Calle de Telésforo Aranzadi 3 | Bilbao | Tel. 944 70 43 60 | www.eda.ad min.ch

EINREISE

Für Bürger der EU-Staaten reicht der Personalausweis. Bei der Einreise aus EU-Ländern findet im Regelfall keine Passkontrolle mehr statt.

GESUNDHEIT

In Spanien gilt für Pflichtversicherte die europäische Krankenversicherungskarte. Alternativ oder ergänzend bietet sich der Abschluss einer Reisekrankenversicherung an.

INTERNET

Wichtige allgemeine Seiten:
www.jakobsweg.info | www.pilgern. ch | http://caminodesantiago.consu mer.es | www.xacobeo.es | www.jaco beo.net – Infos zum Jakobsweg
www.turismo.navarra.es – Navarra
www.turismoa.euskadi.net – Baskenland
www.lariojaturismo.com – La Rioja
www.turismoburgos.org – Burgos
www.santiagoturismo.com – Santiago de Compostela
www.tourspain.es – allgemeine Infos zu Spanien, auf Deutsch
www.turgalicia.es – Galicien
www.turismocastillayleon.com – Kastilien-León

INTERNETCAFÉS & WLAN

WLAN ist auf Spanisch als Wifi bekannt und wird in Hotels immer öfter als Service angeboten. In den Internetcafés und -zentren kosten 30 Min. meist 1–1,50 Euro, eine ganze Stunde 2–3 Euro.
– *Astorga: Ciberastor | Calle Manuel Gullón 2 | www.ciberastor.com*
– *Bilbao: Ciberteca | Calle José María Escuza 23*
– *Pamplona: Cibercentro | Calle del Carmen 28*
– *Santiago de Compostela: Ciber Stereo | Patio de las Madres 14*

KLIMA & REISEZEIT

Das wechselhafte Klima hat seine Tücken. Winterfröste in den Pyrenäen und hohe Niederschläge in Galicien und Navarra gehören ebenso ins Bild wie heftige Winde, die über die Meseta peitschen. Im Mai kann rund um das Cruz de Ferro noch Schnee liegen, zwei Monate später die Quecksilbersäule in der trockenen kastilischen Hochebene auch schon mal über die 40-Grad-Marke klettern.

Ideale Reisezeiten für den Jakobsweg sind Frühjahr und Herbst. Während der Hauptferienmonate Juli und August gehen viele Spanier selber auf Achse. Wer auf der Suche nach rauschenden Fiestas ist oder seine Reise an die galicischen Meeresarme ausdehnt, trifft mit dem Sommer allerdings die beste Wahl. Die Wassertemperaturen des Atlantiks erreichen allerdings maximal um die 20° C.

MIETWAGEN

An Flughäfen wie Bilbao und Santiago de Compostela finden Sie Büros der international bekannten Autovermieter. Buchen Sie Fahrzeuge aber am besten von daheim aus vor, vergleichen Sie die Preise auch bei Vermittlern wie *Holiday Autos (www.holidayautos.de)* und *Auto Europe (www.autoeurope.de)*.

Für einen Kleinwagen müssen Sie mit einem Wochentarif ab 170 Euro rechnen; der Preis schließt meist freie Kilometer, Steuern und Basisversicherung ein. Mietwagenfirmen haben das Mindestalter des Fahrers meist auf 21 Jahre festgesetzt, notwendig sind der nationale Führerschein und eine Kreditkarte.

NOTRUFNUMMERN

Allgemeine Notfälle: *112*
Nationalpolizei: *091*
Städtische Polizei: *092*

ÖFFENTLICHE VERKEHRSMITTEL

Hauptverkehrsmittel ist der Bus. Die Strecken am Jakobsweg sind gut ausgebaut (Ausnahmen: extrem ländliche Gegenden), die Preise niedrig, die Verbindungen zuverlässig. Fahrpläne findet man in den regionalen Tageszeitungen. Im Regelfall verfügt jede Stadt über einen zentralen Busbahnhof *(estación de autobuses)*. Im Gegensatz zur Bus- kann die Bahnfahrt teuer und kompliziert sein,

WAS KOSTET WIE VIEL?

KAFFEE	1–1,50 EURO	im Café
WEIN	AB 1 EURO	für ein Glas Tischwein
BROT	0,95 EURO	für ein Baguette
TAGESMENÜ	AB 8–9 EURO	mittags im einfachen Restaurant
BENZIN	0,95 EURO	für 1 Liter Super bleifrei
BUSFAHRT	AB 8 EURO	für 100 km

manche Strecken erfordern Umsteigen und riesige Umwege.

ÖFFNUNGSZEITEN

Strikt geregelte Ladenschlusszeiten gibt es nicht. Meist sind die Geschäfte Mo–Sa 9.30–13.30 und 16.30 bis 20 Uhr zugänglich, manche schließen Mo vormittags oder Sa nachmittags. Großkaufhäuser und Supermärkte auf der grünen Wiese halten ihre Pforten oft *Mo–Sa 10–22 Uhr* offen. In größeren Städten hat die Hauptpost *Mo–Fr 8.30–20.30, Sa bis 14 Uhr* geöffnet. Banken und Behörden öffnen meist *Mo–Fr 9–14 Uhr.*

▮ PILGERN AUF DEM JAKOBSWEG

Der Jakobsweg für Wanderer ist mit gelben Farbmarkierungen und Muschelsymbolen ausgewiesen. Tourenradler können manche Abschnitte problemlos benutzen, aus diversen Gründen (Pfadenge, steinige Anstiege, Schlammpassagen etc.) weichen sie aber vielerorts auf Landstraßen aus. Am Wege stehen Wanderern, Rad- und Reitpilgern zahlreiche Pilgerherbergen *(albergues de peregrinos* oder *refugios)* offen. Die Benutzung öffentlicher Herbergen setzt einen Pilgerausweis *(credencial)* vo-

raus, den man sich bei einer der Jakobusgesellschaften besorgt. Die Kosten liegen um 5 Euro pro Ausweis zzgl. Porto. Anträge u. a. an:
– *Fränkische St.-Jakobus-Gesellschaft | Ottostr. 1 | Kilianeum | 97070 Würzburg | www.jakobus-gesellschaften.de*
– *Deutsche Sankt-Jakobusgesellschaft | Tempelhofer Str. 21 | 52068 Aachen | Tel. 0241/4790127 | www.deutsche-jakobus-gesellschaft.de*
Die öffentlichen Pilgerherbergen sind unterschiedlich ausgestattet, die Spanne reicht von Mehrbettzimmern bis zu Schlafsälen. Die meisten Herbergen erheben eine feste Übernachtungsgebühr von etwa 4–8 Euro.

▮ POST

Briefe bis 20 g und Postkarten in EU-Länder sowie in die Schweiz brauchen wenige Tage Laufzeit. Der Preis (zzt. 0,60 Euro) erhöht sich meist zu

WETTER IN BILBAO

Jan.	Feb.	März	April	Mai	Juni	Juli	Aug.	Sept.	Okt.	Nov.	Dez.
12	14	15	16	20	22	25	25	24	21	16	13

Tagestemperaturen in °C

5	6	6	8	10	13	15	15	14	11	8	7

Nachttemperaturen in °C

2	3	4	4	5	6	6	6	5	4	3	2

Sonnenschein Std./Tag

14	13	12	13	12	8	6	7	8	10	12	13

Niederschlag Tage/Monat

12	12	12	12	14	16	19	20	19	17	15	13

Wassertemperaturen in °C

PRAKTISCHE HINWEISE

Jahresbeginn. Briefmarken sind in Postämtern und Tabakläden *(tabacos)* erhältlich.

PREISE

Der Euro hat das Leben in Spanien verteuert, allerdings liegt das Gehaltsniveau unter dem mitteleuropäischer Länder. So sind manche Dienstleistungen im internationalen Vergleich erschwinglich geblieben, was sich z. B. beim Kaffee oder Glas Wein in der Bar ablesen lässt. Auch bei Benzin und Überlandbusfahrten kommt man gut weg. Obst und Gemüse sind zu akzeptablen Preisen auf den Wochenmärkten erhältlich.

STROM

220 Volt, normale Stecker.

TELEFON & HANDY

Vorwahl nach Spanien: *0034*, eine innerspanische Vorwahl gibt es nicht. Internationale Gespräche mit Auslandsvorwahl 00, danach die Landeskennzahl (*49* für Deutschland, *43* für Österreich, *41* für die Schweiz), die Vorwahl der Stadt ohne 0 und die Teilnehmernummer. In Spanien beginnen kostenintensivere Servicenummern mit 902; Handynummern erkennt man an der 6 zu Beginn. In Tabakläden sind Telefonkarten *(tarjetas telefónicas)* für die Benutzung von Telefónica-Kabinen erhältlich. Alternative sind private Fernsprechzentren *(locutorios)* oder das eigene Handy, das vor Ort in Spanien automatisch den frequenzstärksten Netzbetreiber auswählt.

Beim Roaming spart, wer das günstigste Netz wählt. Mit einer spanischen Prepaid-Karte (z. B. von Amena oder *Orange*) entfallen die Gebühren für eingehende Anrufe. Prepaid-Karten wie die von GlobalSim *(www.globalsim.net)* oder Globilo *(www.globilo.de)* sind zwar teuer, ersparen aber ebenfalls alle Roaming-Gebühren. Und: Sie bekommen schon zu Hause Ihre neue Nummer. Immer günstig sind SMS. Hohe Kosten verursacht die Mailbox: noch im Heimatland abschalten!

TRINKGELD

In Restaurants sind 5–10 Prozent üblich, wenn Sie zufrieden waren. Die Spanier selber sind keine großen Trinkgeldgeber. In Bars rundet man den Betrag allenfalls ein wenig auf. Kein Trinkgeld für Taxifahrer.

UNTERKUNFT

Die Parador-Hotels bieten meist stilvolle Bleiben und sind oft in historischen Gemäuern untergebracht; Info: *IHR Ibero Hotel Reservierung | Immermann-Str. 23 | 40210 Düsseldorf | Tel. 0211/ 864 15 20 | Fax 864 15 29 | www.paradores.de*. Im höherklassigen Bereich liegen Hotels der Ketten *NH, Tryp* und *Abba*. Typisch für dörfliche Gegenden sind Landhäuser *(casas rurales)*. Für die unteren Qualitäts- und Preisklassen stehen der Gasthof *(hostal)* und die Pension *(pensión)*, die niedrigsten Stufen nehmen einfache Beherbergungsbetriebe *(hospedajes)* und Privatzimmer *(habitaciones)* ein.

ZOLL

Innerhalb der EU dürfen Waren für den persönlichen Gebrauch frei ein- und ausgeführt werden, u. a. 800 Zigaretten, 10 l Spirituosen und 90 l Wein.

> ¿HABLAS ESPAÑOL?

„Sprichst du Spanisch?" Dieser Sprachführer hilft Ihnen,
die wichtigsten Wörter und Sätze auf Spanisch zu sagen

Aussprache

c	vor „e" und „i" stimmloser Lispellaut stärker als engl. „th"
ch	stimmloses „tsch" wie in „tschüss"
g	vor „e, i" wie deutsches „ch" in „Bach"
gue, gui/que, qui	das „u" ist immer stumm, wie deutsches „g"/„k"
j	immer wie deutsches „ch" in „Bach"
ll, y	wie deutsches „j" zwischen Vokalen. Bsp.: Mallorca
ñ	wie „gn" in „Champagner"

■ AUF EINEN BLICK ■

Ja./Nein.	Sí./No.
Vielleicht.	Quizás./Tal vez.
In Ordnung./Einverstanden!	¡De acuerdo!/¡Está bien!
Bitte./Danke.	Por favor./Gracias.
Vielen Dank!	Muchas gracias.
Gern geschehen.	No hay de qué./De nada.
Entschuldigung!	¡Perdón!
Wie bitte?	¿Cómo dice/dices?
Ich verstehe Sie/dich nicht.	No le/la/te entiendo.
Ich spreche nur wenig …	Hablo sólo un poco de …
Können Sie mir bitte helfen?	¿Puede usted ayudarme, por favor?
Ich möchte …	Quiero …/Quisiera …/Me gustaría …
Das gefällt mir (nicht).	(No) me gusta.
Haben Sie …?	¿Tiene usted …?
Wie viel kostet es?	¿Cuánto cuesta?

■ KENNENLERNEN ■

Guten Morgen!	¡Buenos días!
Guten Tag!	¡Buenos días!/¡Buenas tardes!
Guten Abend!	¡Buenas tardes!/¡Buenas noches!
Hallo! Grüß dich!	¡Hola! ¿Qué tal?
Ich heiße …	Me llamo …
Wie ist Ihr Name, bitte?	¿Cómo se llama usted, por favor?
Wie geht es Ihnen/dir?	¿Cómo está usted?/¿Qué tal?
Danke. Und Ihnen/dir?	Bien, gracias. ¿Y usted/tú?
Auf Wiedersehen!	¡Adiós!
Tschüss!	¡Adiós!/¡Hasta luego!
Bis morgen!	¡Hasta mañana!

> *www.marcopolo.de/jakobsweg*

SPRACHFÜHRER SPANISCH

■ DER JAKOBSWEG ■

Jakobsweg	Camino de Santiago
Ich bin Pilger	Soy peregrino
Pilgerausweis	credencial de pregrino
Stempel	sello
Wo finde ich die nächstgelegene Pilgerherberge?	¿Dónde encuentro el albergue de peregrinos más cercano?
Gibt es ein freies Bett?	Hay una cama libre?
Wo kann ich meinen Rucksack/ mein Fahrrad lassen?	¿Dónde podría dejar mi mochila/ mi bicicleta?
Gibt es Bettzeug / … Küche / … Schließfächer?	¿Hay ropa de cama / … cocina / … taquillas?
Wo kann man die Wäsche trocknen?	¿Dónde se podría secar la ropa?
Dusche	ducha
Guten Weg!	¡Buen camino!

■ UNTERWEGS ■

AUSKUNFT

links/rechts	a la izquierda/a la derecha
geradeaus	todo seguido/derecho
nah/weit	cerca/lejos
Wie weit ist das?	¿A qué distancia está?
Bitte, wo ist …	Perdón, ¿dónde está …
… der Busbahnhof?	… la estación de autobuses?
… die Haltestelle?	… la parada?
Fahrplan	horario
Eine Fahrkarte nach … bitte.	Un billete para …, por favor.
Ich möchte ein Auto mieten.	Quisiera alquilar un coche.

PANNE

Ich habe eine Panne.	Tengo una avería.
Würden Sie mir bitte einen Abschleppwagen schicken?	¿Puede usted enviarme un cochegrúa, por favor?
Gibt es hier in der Nähe eine Werkstatt?	¿Hay algún taller por aquí cerca?

TANKSTELLE

Wo ist bitte die nächste Tankstelle?	¿Dónde está la gasolinera más cercana, por favor?

Ich möchte … Liter …	Quisiera … litros de …
… Super./… Diesel.	… súper./… diesel.
Voll tanken, bitte.	Lleno, por favor.

UNFALL

Hilfe!	¡Ayuda! / ¡Socorro!
Rufen Sie bitte schnell …	Llame enseguida …
… einen Krankenwagen.	… una ambulancia.
… die Polizei.	… a la policía.
… die Feuerwehr.	… a los bomberos.
Haben Sie Verbandszeug?	¿Tiene usted botiquín de urgencia?
Geben Sie mir bitte Ihren	¿Puede usted darme su
Namen und Ihre Anschrift.	nombre y dirección?

■ ESSEN/UNTERHALTUNG

Wo gibt es hier …	¿Dónde hay por aquí cerca …
… ein gutes Restaurant?	… un buen restaurante?
… ein nicht zu teures	… un restaurante no demasiado
Restaurant?	caro?
Reservieren Sie uns bitte	¿Puede reservarnos
für heute Abend einen	para esta noche una
Tisch für vier Personen.	mesa para cuatro personas?
Die Speisekarte, bitte.	La carta, por favor.
Auf Ihr Wohl!	¡Salud!
Bezahlen, bitte.	¡La cuenta, por favor!

■ EINKAUFEN

Wo finde ich …	Por favor, ¿dónde hay …
… eine Apotheke?	… una farmacia?
… eine Bäckerei?	… una panadería?
… ein Fotogeschäft?	… una tienda de artículos fotográficos?
… ein Einkaufszentrum?	… un centro comercial?
… ein Lebensmittelgeschäft?	… una tienda de comestibles?
… den Markt?	… el mercado?

■ ÜBERNACHTEN

Können Sie mir bitte ein Hotel/	¿Podría usted recomendarme un hotel/
eine Pension empfehlen?	una pensión?
Ich habe ein Zimmer reserviert.	He reservado una habitación.
Haben Sie noch …	¿Tienen ustedes …?
… ein Einzelzimmer?	… una habitación individual?
… ein Zweibettzimmer?	… una habitación doble?
… mit Dusche/Bad?	… con ducha/baño?
… für eine Nacht?	… para una noche?

> www.marcopolo.de/jakobsweg

… ein ruhiges Zimmer?

Was kostet das Zimmer mit …

… Frühstück?

… Halbpension?

… una habitación tranquila?

¿Cuánto cuesta la habitación con …

… desayuno?

… media pensión?

■ PRAKTISCHE INFORMATIONEN ■

ARZT

Können Sie mir einen guten Arzt empfehlen?

Ich habe hier Schmerzen.

Ich habe …

… Kopfschmerzen.

… Zahnschmerzen.

… Durchfall.

… Fieber.

¿Puede usted indicarme un buen médico?

Me duele aquí.

Tengo …

… dolor de cabeza.

… dolor de muelas.

… diarrea.

… fiebre.

POST

Was kostet …

… ein Brief …

… eine Postkarte …

… nach Deutschland?

Eine Briefmarke, bitte.

¿Cuánto cuesta …

… una carta …

… una postal …

… para Alemania?

Un sello, por favor.

■ ZAHLEN ■

0	cero	19	diecinueve
1	un, uno, una	20	veinte
2	dos	21	veintiuno, -a, veintiún
3	tres	22	veintidós
4	cuatro	30	treinta
5	cinco	40	cuarenta
6	seis	50	cincuenta
7	siete	60	sesenta
8	ocho	70	setenta
9	nueve	80	ochenta
10	diez	90	noventa
11	once	100	cien, ciento
12	doce	200	doscientos, -as
13	trece	1000	mil
14	catorce	2000	dos mil
15	quince	10000	diez mil
16	dieciséis		
17	diecisiete	1/2	medio
18	dieciocho	1/4	un cuarto

Templerburg von Ponferrada

Die Seiteneinteilung für den Reiseatlas finden Sie auf dem hinteren Umschlag dieses Reiseführers

REISE
ATLAS

115

117

118

Autobahn mit Anschlussstellen
Motorway with junctions

Autobahn in Bau
Motorway under construction

Mautstelle
Toll station

Raststätte mit Übernachtung
Roadside restaurant and hotel

Raststätte
Roadside restaurant

Tankstelle
Filling-station

Autobahnähnliche Schnell-
straße mit Anschlussstelle
Dual carriage-way with
motorway characteristics
with junction

Fernverkehrsstraße
Trunk road

Durchgangsstraße
Thoroughfare

Wichtige Hauptstraße
Important main road

Hauptstraße
Main road

Nebenstraße
Secondary road

Eisenbahn
Railway

Autozug-Terminal
Car-loading terminal

Zahnradbahn
Mountain railway

Kabinenschwebebahn
Aerial cableway

Eisenbahnfähre
Railway ferry

Autofähre
Car ferry

Schifffahrtslinie
Shipping route

Landschaftlich besonders
schöne Strecke
Route with
beautiful scenery

Alleenstr. Touristenstraße
Tourist route

XI-V Wintersperre
Closure in winter

× × × × × Straße für Kfz gesperrt
Road closed to motor traffic

8% Bedeutende Steigungen
Important gradients

Für Wohnwagen nicht
empfehlenswert
Not recommended
for caravans

Für Wohnwagen gesperrt
Closed for caravans

Wartenstein Sehenswert: Kultur - Natur
Umbalfälle Of interest: culture - nature

Badestrand
Bathing beach

Besonders schöner Ausblick
Important panoramic view

Ausflüge & Touren
Excursions & tours

Nationalpark, Naturpark
National park, nature park

Sperrgebiet
Prohibited area

Kirche
Church

Kloster
Monastery

Schloss, Burg
Palace, castle

Moschee
Mosque

Ruinen
Ruins

Leuchtturm
Lighthouse

Turm
Tower

Höhle
Cave

Ausgrabungsstätte
Archaeological excavation

Jugendherberge
Youth hostel

Allein stehendes Hotel
Isolated hotel

Berghütte
Refuge

Campingplatz
Camping site

Flughafen
Airport

Regionalflughafen
Regional airport

Flugplatz
Airfield

Staatsgrenze
National boundary

Verwaltungsgrenze
Administrative boundary

Grenzkontrollstelle
Check-point

Grenzkontrollstelle mit
Beschränkung
Check-point with
restrictions

MADRID Hauptstadt
Capital

OVIEDO Verwaltungssitz
Seat of the administration

FÜR IHRE NÄCHSTE REISE

gibt es folgende MARCO POLO Titel:

DEUTSCHLAND
Allgäu
Amrum/Föhr
Bayerischer Wald
Berlin
Bodensee
Chiemgau/Berchtes-
  gadener Land
Dresden/Sächsische
  Schweiz
Düsseldorf
Eifel
Erzgebirge/Vogtland
Franken
Frankfurt
Hamburg
Harz
Heidelberg
Köln
Lausitz/Spreewald/
  Zittauer Gebirge
Leipzig
Lüneburger Heide/
  Wendland
Mark Brandenburg
Mecklenburgische
  Seenplatte
Mosel
München
Nordseeküste
  Schleswig-
  Holstein
Oberbayern
Ostfriesische Inseln
Ostfriesland/
  Nordseeküste
  Niedersachsen/
  Helgoland
Ostseeküste
  Mecklenburg-
  Vorpommern
Ostseeküste
  Schleswig-
  Holstein
Pfalz
Potsdam
Rheingau/
  Wiesbaden
Rügen/Hiddensee/
  Stralsund
Ruhrgebiet
Schwäbische Alb
Schwarzwald
Stuttgart
Sylt
Thüringen
Usedom
Weimar

ÖSTERREICH | SCHWEIZ
Berner Oberland/
  Bern
Kärnten
Österreich
Salzburger Land
Schweiz
Tessin
Tirol
Wien
Zürich

FRANKREICH
Bretagne
Burgund
Côte d'Azur/Monaco
Elsass
Frankreich
Französische
  Atlantikküste
Korsika
Languedoc-Roussillon
Loire-Tal
Nizza/Antibes/Cannes/
  Monaco
Normandie
Paris
Provence

ITALIEN | MALTA
Apulien
Capri
Dolomiten
Elba/Toskanischer
  Archipel
Emilia-Romagna
Florenz
Gardasee
Golf von Neapel
Ischia
Italien
Italienische Adria
Italien Nord
Italien Süd
Kalabrien
Ligurien/
  Cinque Terre
Mailand/Lombardei
Malta/Gozo
Oberital. Seen
Piemont/Turin
Rom
Sardinien
Sizilien/
  Liparische Inseln
Südtirol
Toskana
Umbrien
Venedig
Venetien/Friaul

SPANIEN | PORTUGAL
Algarve
Andalusien
Barcelona
Baskenland/Bilbao
Costa Blanca
Costa Brava
Costa del Sol/Granada
Fuerteventura
Gran Canaria
Ibiza/Formentera
Jakobsweg/Spanien
La Gomera/El Hierro
Lanzarote
La Palma
Lissabon
Madeira
Madrid
Mallorca
Menorca
Portugal
Sevilla
Spanien
Teneriffa

NORDEUROPA
Bornholm
Dänemark
Finnland
Island
Kopenhagen
Norwegen
Schweden
Stockholm
Südschweden

WESTEUROPA | BENELUX
Amsterdam
Brüssel
Dublin
England
Flandern
Irland
Kanalinseln
London
Luxemburg
Niederlande
Niederländische
  Küste
Schottland
Südengland

OSTEUROPA
Baltikum
Budapest
Estland
Kaliningrader
  Gebiet
Lettland
Litauen/Kurische
  Nehrung
Masurische Seen
Moskau
Plattensee
Polen
Polnische Ostsee-
  küste/Danzig
Prag
Riesengebirge
Russland
Slowakei
St. Petersburg
Tschechien
Ungarn
Warschau

SÜDOSTEUROPA
Bulgarien
Bulgarische
  Schwarzmeerküste
Kroatische Küste/
  Dalmatien
Kroatische Küste/
  Istrien/Kvarner
Montenegro
Rumänien
Slowenien

GRIECHENLAND | TÜRKEI | ZYPERN
Athen
Chalkidiki
Griechenland
  Festland
Griechische
  Inseln/Ägäis
Istanbul
Korfu
Kos
Kreta
Peloponnes
Rhodos
Samos
Santorin
Türkei
Türkische Südküste
Türkische Westküste
Zakinthos
Zypern

NORDAMERIKA
Alaska
Chicago und
  die Großen Seen
Florida
Hawaii
Kalifornien
Kanada
Kanada Ost
Kanada West
Las Vegas
Los Angeles
New York
San Francisco
USA
USA Neuengland/
  Long Island
USA Ost
USA Südstaaten/
  New Orleans
USA Südwest
USA West
Washington D.C.

MITTEL- UND SÜDAMERIKA
Argentinien
Brasilien
Chile
Costa Rica
Dominikanische
  Republik
Jamaika
Karibik/
  Große Antillen
Karibik/
  Kleine Antillen
Kuba
Mexiko
Peru/Bolivien
Venezuela
Yucatán

AFRIKA | VORDERER ORIENT
Agypten
Djerba/
  Südtunesien
Dubai/Vereinigte
  Arabische Emirate
Israel
Jerusalem
Jordanien
Kapstadt/
  Wine Lands/
  Garden Route
Kenia
Marokko
Namibia
Qatar/Bahrain/
  Kuwait
Rotes Meer/Sinai
Südafrika
Tunesien

ASIEN
Bali/Lombok
Bangkok
China
Hongkong/
  Macau
Indien
Japan
Ko Samui/
  Ko Phangan
Malaysia
Nepal
Peking
Philippinen
Phuket
Rajasthan
Shanghai
Singapur
Sri Lanka
Thailand
Tokio
Vietnam

INDISCHER OZEAN | PAZIFIK
Australien
Malediven
Mauritius
Neuseeland
Seychellen
Südsee

REGISTER

In diesem Register sind alle in diesem Reiseführer erwähnten Orte und Ausflugsziele sowie wichtige Stichworte und Namen verzeichnet. Halbfette Seitenzahlen verweisen auf den Haupteintrag, kursive auf ein Foto.

> *www.marcopolo.de/jakobsweg*

IMPRESSUM

SCHREIBEN SIE UNS!

Liebe Leserin, lieber Leser,

wir setzen alles daran, Ihnen möglichst aktuelle Informationen mit auf die Reise zu geben. Dennoch schleichen sich manchmal Fehler ein – trotz gründlicher Recherche unserer Autoren/innen. Sie haben sicherlich Verständnis, dass der Verlag dafür keine Haftung übernehmen kann.

Wir freuen uns aber, wenn Sie uns schreiben.

Senden Sie Ihre Post an die MARCO POLO Redaktion, MAIRDUMONT, Postfach 31 51, 73751 Ostfildern, info@marcopolo.de

IMPRESSUM

Titelbild: Los Ancares, Pilger, Villafranca del Bierzo (Mauritius: AGE)
Fotos: City Hall (13 u.); A. Drouve (126); ©fotolia.com: danimages (14 u.), microimages (95 M.r.), mokras (95 o.l.); R. M. Gill (Klappe rechts, 8/9, 38/39, 50/51, 62); GRUPO MODATEST, S.A. (14 o.); HB Verlag: Renckhoff (2 l., 3 M., 4 l., 22/23, 29, 52, 69, 90, 96); Huber: Fantuz (87), Gräfenhain (70/71, 88/89, 96/97, 112/113), Schmid (60/61), Giovanni Simeone (22); ©iStockphoto.com: jordi castillo (94 u.r.), creacart (94 o.l.), Oliver Hoffmann (95 M.l.), Vincent Leprince (15 M.), photooiasson (15 o.), Simon Podgorsek (15 u., 95 u.r.); G. Jung (Klappe Mitte, 27, 100); Laif: Gonzales (28, 91), Modrow (66, 84), Raach (16/17); Marqués de Riscal (13 o.); Mauritius: AGE (1); D. Renckhoff (5, 28/29, 37, 40, 47, 48, 65, 93); Sala E.N.T. (12 u.); Miguel Santamarina (12 o.); T. Stankiewicz (3 r., 18, 32, 78, 81); Tour'n'Ride: Alberto Pampín Chas (94 M.l.); Turismo de Santiago (94 M.r.); White Star: Gumm (2 r., 3 l., 6/7, 20, 24/25, 54, 59), Steinert (Klappe links, 4 r., 11, 23, 30/31, 34, 42, 45, 57, 72, 74, 76/77, 83, 97, 98/99); T. P. Widmann (26)

3, aktualisierte Auflage 2009
© MAIRDUMONT GmbH & Co. KG, Ostfildern
Chefredaktion: Michaela Lienemann, Marion Zorn
Autor: Andreas Drouve; Redaktion: Jochen Schürmann
Programmbetreuung: Jens Bey, Silwen Randebrock; Bildredaktion: Gabriele Forst
Szene/24h: wunder media, München
Kartografie Reiseatlas: © MAIRDUMONT, Ostfildern
Innengestaltung: Zum goldenen Hirschen, Hamburg; Titel/S. 1–3: Factor Product, München
Sprachführer: in Zusammenarbeit mit Ernst Klett Sprachen GmbH, Stuttgart, Redaktion PONS Wörterbücher
Das Werk einschließlich aller seiner Teile ist urheberrechtlich geschützt. Jede urheberrechtsrelevante Verwertung ist ohne Zustimmung des Verlages unzulässig und strafbar. Das gilt insbesondere für Vervielfältigungen, Übersetzungen, Nachahmungen, Mikroverfilmungen und die Einspeicherung und Verarbeitung in elektronischen Systemen.
Printed in Germany. Gedruckt auf 100% chlorfrei gebleichtem Papier

> UNSER AUTOR
MARCO POLO Insider Andreas Drouve im Interview

Andreas Drouve lebt seit Mitte der Neunzigerjahre am Jakobsweg in Spanien und ist als freier Autor und Journalist ständig auf Achse.

Was macht für Sie persönlich die Faszination des Jakobswegs aus?

An erster Stelle: die Kontraste, der Wechsel der Landschaften: Berge, Ebenen, Wälder, Wiesen, Weingärten – einfach grandios! Dann der Wechsel zwischen Städten und urwüchsigen Dörfern. Romanik, Gotik, dazu hier eine Burg, dort eine Schafherde, ein plätschernder Brunnen. Faszinierend sind natürlich auch die Menschen, die den Weg entlang pilgern – wochenlang, monatelang. Von meinem Büro in Pamplona schaue ich auf das Altstadtportal, das jeder Pilger passiert. Ich habe gewissermaßen alles im Blick und im Ohr. Früh morgens hallen auf dem Asphalt die Pilgerstöcke wider, manchmal ist Hufgeklapper von Pferden zu hören. Mein Bezug zum *Camino* ist ganz eigenartig. Ich schreibe und forsche viel über den Jakobsweg, bin viel auf ihm unterwegs, sehe tagtäglich den Vorbeizug der Pilger. Und wenn ich das Haus verlasse, gehe ich automatisch ein Stück Pilgerstrecke.

Wie lebt es sich generell in Spanien?

Das Leben in einem fremden Kulturkreis bereichert ja immer. Sonnen- und Schattenseiten gehören dazu. Auf der Positiv-seite steht die Mentalität. Man legt nicht alles auf die Goldwaage. Dazu die Feste, der Wein, die Küche, die nahen Strände, die Naturparks ...

Und was mögen Sie an Ihrer Wahlheimat nicht so?

Den Stierkampf, wie fast alle Ausländer. Im Alltag ist die gesetzliche Krankenversorgung katastrophal und oft mit langen Wartezeiten verbunden. Auf einen Arzttermin für meine kleinste Tochter haben wir gerade ein halbes Jahr warten müssen. Und auch in Spanien wuchern Bürokratie und Beamtentum. Da hört der südländische Spaß auf.

Und was machen Sie beruflich?

Ich arbeite freiberuflich als Autor und schreibe Reportagen und Bücher. Der Jakobsweg steht in der Reihe vieler Themen, die ich bearbeite.

Fahren Sie regelmäßig nach Deutschland?

Nicht regelmäßig, aber immer wieder und gerne. Familie und Freunde sind dort, manchmal halte ich Vorträge. Außerdem ist und bleibt Deutsch meine Muttersprache – und die kommt im spanischen Alltag zu kurz.

Halten Sie Mittagsruhe, Siesta?

Gegenfrage: Und wer soll dann die Arbeit erledigen? Nein, Siesta ist tabu.